T0209505

essentials

essentials liefern aktuelles Wissen in konzentrierter Form. Die Essenz dessen, worauf es als „State-of-the-Art" in der gegenwärtigen Fachdiskussion oder in der Praxis ankommt. *essentials* informieren schnell, unkompliziert und verständlich

- als Einführung in ein aktuelles Thema aus Ihrem Fachgebiet
- als Einstieg in ein für Sie noch unbekanntes Themenfeld
- als Einblick, um zum Thema mitreden zu können

Die Bücher in elektronischer und gedruckter Form bringen das Fachwissen von Springerautor*innen kompakt zur Darstellung. Sie sind besonders für die Nutzung als eBook auf Tablet-PCs, eBook-Readern und Smartphones geeignet. *essentials* sind Wissensbausteine aus den Wirtschafts-, Sozial- und Geisteswissenschaften, aus Technik und Naturwissenschaften sowie aus Medizin, Psychologie und Gesundheitsberufen. Von renommierten Autor*innen aller Springer-Verlagsmarken.

Christian Dach

Inbound-Marketing für B2B-Unternehmen

Neukunden digital gewinnen

Springer Gabler

Christian Dach
Ostbayerische Technische Hochschule
(OTH) Regensburg
Regensburg, Deutschland

ISSN 2197-6708   ISSN 2197-6716   (electronic)
essentials
ISBN 978-3-658-42261-5   ISBN 978-3-658-42262-2   (eBook)
https://doi.org/10.1007/978-3-658-42262-2

Die Deutsche Nationalbibliothek verzeichnet diese Publikation in der Deutschen Nationalbibliografie; detaillierte bibliografische Daten sind im Internet über http://dnb.d-nb.de abrufbar.

Planung/Lektorat: Imke Sander
Springer Gabler ist ein Imprint der eingetragenen Gesellschaft Springer Fachmedien Wiesbaden GmbH und ist ein Teil von Springer Nature.
Die Anschrift der Gesellschaft ist: Abraham-Lincoln-Str. 46, 65189 Wiesbaden, Germany

Was Sie in diesem *essential* finden können

- Warum lohnt es sich, als B2B-Unternehmen Inbound-Marketing systematisch zu betreiben?
- Wieso ist es wichtig, zunächst in einem Marktforschungsprojekt die Buying Personas und ihre Customer Journeys genau zu verstehen?
- Was gilt es bei der systematischen Content-Generierung zu beachten?
- In welchen Kommunikations-Kanälen sollten Sie Content-Köder auslegen?
- Was geschieht in der Phase des Lead Nurturing zwischen dem Erstkontakt und der Übergabe des Leads an den Vertrieb?

Vorwort

Sind Sie in einem B2B-Unternehmen dafür zuständig, dass der Vertrieb permanent mit neuen Leads versorgt wird? Frustriert Sie die niedrige Erfolgsquote bei der Kaltakquise? Dann zeigt Ihnen das vorliegende *essential* einen **neuen Weg der Leadgenerierung** auf: Mit Inbound-Marketing gelingt es Ihnen, dass die Leads von sich aus auf Ihr Unternehmen zukommen. Diese Leads sind bereits „angewärmt" und lassen sich leichter in Neukunden wandeln als Leads, die Sie durch die traditionelle Kaltakquise gewinnen.

Es gibt aktuell noch sehr wenige Fachbücher zum Inbound-Marketing. Oft sind die Autoren als Berater mit einem Hersteller von Marketing-Automation-Software geschäftsmäßig verbunden. In diesem *essential* wird eine **neutrale Darstellung** gewählt, bei der auch die Grenzen des Inbound-Marketings ehrlich aufgezeigt werden: Bspw. werden Sie einen Teil der potenziellen Kunden über Inbound-Marketing nicht erreichen, weil gerade ältere Zielkunden weniger aktiv auf Social Media sind und eine traditionelle Vorgehensweise bevorzugen. Insofern stellt Inbound-Marketing meist zunächst nur eine Ergänzung des Outbound-Marketings dar. Es ist aber davon auszugehen, dass die Bedeutung des Inbound-Marketings in den kommenden Jahren weiter zunehmen wird, weil die älteren Zielkunden aus dem Arbeitsleben altersbedingt ausscheiden und durch jüngere Manager ersetzt werden, die sehr empfänglich für digitale Kommunikationskanäle sind.

Die in diesem *essential* dargestellte Vorgehensweise zum Inbound-Marketing basiert auf **intensiven Recherchen** von Studien und Beiträgen sowie auf eigenen **Erkenntnissen aus Beratungsprojekten:** Mit einem Marketing-Leiter habe ich ein Jahr nach unserer Abschlusspräsentation telefoniert: Er hat begeistert davon berichtet, dass das Konzept aufgeht und das Unternehmen immer mehr Inbound Leads generiert.

Zur besseren Lesbarkeit (und Vereinfachung des Sprachduktus) wird hier nur eine Form der Geschlechter verwendet, nämlich die männliche. Dabei sind stets alle geschlechtlichen Identitäten mitgemeint.

Juni 2023   Christian Dach

Inhaltsverzeichnis

Einführung 1

In einem **B2B-Unternehmen** stellt der **persönliche Verkauf** in der Regel das wichtigste Marketinginstrument dar. Die Bedeutung zeigt sich unter anderem in der Höhe der Ausgaben, die für die großen Teams an Vertriebsaußendienst-Mitarbeitern entstehen. Im Vergleich dazu fallen die Ausgaben für Werbung meist gering aus. Im Gegensatz zum B2C-Marketing sind die Streuverluste bei Werbung in Massenmedien viel zu hoch. Gleichzeitig ist der zu erwartende Transaktionswert bei gewerblichen Kunden oft so hoch, dass sich der kostenintensive persönliche Besuch durch den Vertrieb lohnt.

Damit die Außendienstmitarbeiter bei Neukunden-Akquisition und Bestandskunden-Ausbau erfolgreich sind, benötigen Sie **permanent neue Leads** (= Potenziale bzw. Potenzialkunden). **Traditionell** werden solche Leads „outbound" über sogenanntes Cold Calling generiert: Der Vertriebsinnendienst oder die Außendienstmitarbeiter selbst telefonieren Listen (z. B. aus Branchen-Büchern oder auf Basis einer Online-Recherche) potenzieller Kunden ab. Die Erfolgsquote ist fast immer sehr gering, weil kein Bedarf oder keine Wechselbereitschaft bei den Unternehmen besteht. Nur wenige der in den Verkaufstrichter gefütterten Leads werden am Ende des Verkaufsprozesses zu neuen Kunden (Abb. 1.1) (vgl. Albers und Krafft 2013, S. 16; Uebel und Helmke 2017). Die geringe Conversion Rate kann zu einer hohen Frustration bei den Vertriebsmitarbeitern führen.

Über den ganzen Lebenszyklus eines Kunden vom anonymen Kontakt durch den Verkaufstrichter hinweg zur ersten Bestellung und schließlich bis zum Kundenverlust werden unterschiedliche Bezeichnungen verwendet, welche den jeweiligen Status des Kunden wiedergeben (Abb. 1.2) (vgl. Schuster 2022, S. 77; Chaffey und Ellis-Chadwick 2022, S. 247). Die Begriffe werden in der Praxis von Unternehmen zu Unternehmen oft unterschiedlich verwendet (vgl. Purle et al. 2022, 428 f.).

C. Dach, *Inbound-Marketing für B2B-Unternehmen*, essentials, https://doi.org/10.1007/978-3-658-42262-2_1

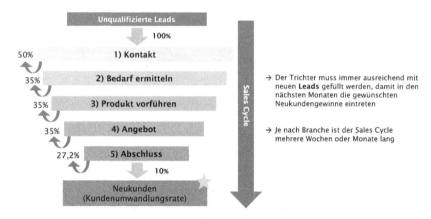

Abb. 1.1 Verkaufstrichter (beispielhafte Conversion Rates). (vgl. Hofbauer 2016, S. 174)

Eine effektivere Lösung der Lead-Generierung stellt das sogenannte **Inbound-Marketing** dar. So generierte **Inbound Leads** kommen von sich aus auf das verkaufende Unternehmen zu. Da Interesse und Gesprächsbereitschaft gegeben sind, lassen sich aus dem Kreis dieser Unternehmen viel mehr Neukunden gewinnen. Die mithilfe der Conversion Rate gemessene Produktivität der Vertriebsmitarbeiter ist somit deutlich höher. Mit derselben Größe eines Verkaufsteams lassen sich folglich deutlich höhere Vertriebserfolge im Sinne von Neukundengewinnen und Bestandskundenausbau (z. B. Cross Selling) erzielen.

Das **Content-Marketing** ist ein Teilbereich des Inbound-Marketing (Abb. 1.3): Hier geht es grundsätzlich darum, mit interessanten, nicht produktbezogenen Inhalten Internet-Nutzer auf die eigene Website zu ziehen (vgl. Baltes 2015, S. 112). Das Content-Marketing spielt im B2C-Bereich schon länger eine größere Rolle (z. B. Red Bull), während es für B2B-Geschäftsbeziehungen erst seit einigen Jahren verstärkt eingesetzt wird. Im **B2C-Bereich** zielen die Geschäftsmodelle hinter dem online betriebenen Content-Marketing oft auf Werbeumsätze oder Transaktionen in einem Online-Shop. Im **B2B-Bereich** folgt auf das Content-Marketing ein sogenanntes **Lead Nurturing**. Das verkaufende Unternehmen versucht in eine Interaktion mit dem Potenzialkunden zu kommen, um ihn näher kennenzulernen und Stärke und Richtung seines Interesses auszuloten. Sobald der Lead als „sales ready" eingestuft wird, übergibt ihn das Marketing an den Vertrieb. Ist das Potenzial hinreichend groß, versucht der Vertrieb den Besuch eines Außendienstmitarbeiters zu vereinbaren.

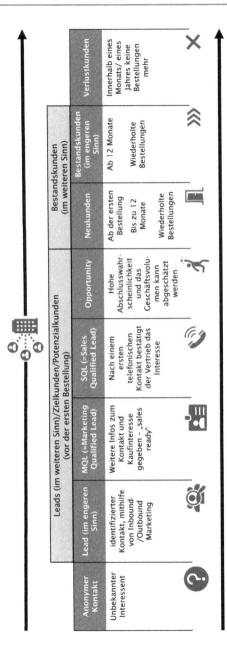

Abb. 1.2 Kundenkategorien in Bezug auf die Phase des Kundenlebenszyklus

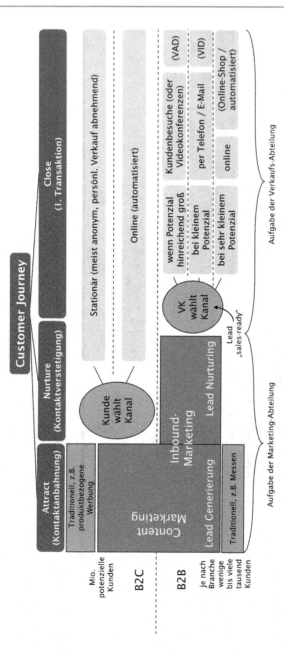

Abb. 1.3 Abgrenzung von Inbound- und Content-Marketing

Im Gegensatz zu anderen Autoren wird hier die Auffassung vertreten, dass sich **Inbound-Marketing nur auf den B2B-Bereich** bezieht: Hier stellt es etwas Besonderes dar, wenn es gelingt, dass Leads auf das verkaufende Unternehmen zukommen. Im Gegensatz dazu ist es im B2C-Bereich von jeher der Regelfall, dass der Kunde für eine Transaktion auf das verkaufende Unternehmen zukommt (z. B. in ein Ladengeschäft), da sich der persönliche Besuch durch einen Verkaufsaußendienstmitarbeiter aufgrund des meist niedrigen Transaktionsvolumens nicht lohnt. Als Methode, um die Kunden anzulocken, wird im B2C-Bereich üblicherweise auf Werbung in Massenmedien gesetzt, während B2B-Unternehmen viel gezielter kommunizieren können, weil die Zielmärkte bzw. -kundengruppen meistens viel kleiner und besser abzugrenzen sind.

Wie gelingt es, dass Kunden von sich aus auf das verkaufende B2B-Unternehmen zukommen? Dieser Frage geht das vorliegende Buch nach:

- Kap. 2 stellt die Methoden der Inbound- und Outbound-Lead-Generierung gegenüber.
- Kap. 3 erläutert, dass jedes Unternehmen zunächst seine Buying Personas und relevante Kommunikationskanäle auf der Customer Journey erkennen muss.
- In Kap. 4 wird der Inbound-Marketing-Ansatz erläutert, bei dem es vor allem um Content-Marketing und Lead Nurturing geht.
- Kap. 5 widmet sich Controlling-Maßnahmen, um den Erfolg der Lead-Generierung messen zu können.
- Wenn ich Sie bis dorthin von dem Inbound-Marketing-Ansatz überzeugen konnte, zeigt Kap. 6 beispielhaft auf, wie Sie ein Projekt zum Aufbau eines systematischen Inbound-Marketing-Ansatzes aufstellen können.

Inbound- vs. Outbound-Leadgenerierung

2

Der Werbung im B2C-Bereich entspricht bei B2B-Geschäftsbeziehungen die **Lead-Generierung** (Abb. 1.2). Dabei geht es darum, aus der großen Zahl von Unternehmen diejenigen zu identifizieren, die einen Bedarf an den Produkten des verkaufenden Unternehmens und auch Interesse an einem Angebot haben, d. h. grundsätzlich wechselbereit sind. Die Lead-Generierung ist in B2B-Unternehmen üblicherweise im Marketing angesiedelt. Oft „verhungern" jedoch die Vertriebs-mitarbeiter, da zu wenige Leads vom Marketing an den Vertrieb übergeben werden. In solchen Fällen fangen dann Vertriebsmitarbeiter an, selbst Leads zu generieren, um ihren Verkaufstrichter zu füllen. Ein solches Vorgehen ist ineffi-zient, weil Verkaufsaußendienstmitarbeiter für diese Tätigkeit in der Regel nicht geschult und zudem überbezahlt sind.

Wie erfolgt nun die klassische **Outbound-Lead-Generierung?** In einem ers-ten Schritt müssen Listen potenzieller Kunden generiert werden, die dann in einem zweiten Schritt für eine Qualifizierung abtelefoniert werden.

1. Die **Listengenerierung** kann bspw. auf der folgenden Basis erfolgen: Gelbe Seiten, IHK-Listen, gekaufte Adresslisten von hierauf spezialisierten Dienst-leistern, Internet-Recherchen nach ausgewählten Kriterien (zum Beispiel innerhalb der Ziel-Branchen).
2. Das **Abtelefonieren** der Listen erfolgt oft über spezialisierte Vertriebsinnendienst-Mitarbeiter, teilweise aber auch fremdvergeben durch spezialisierte Outbound-Callcenter. Ziel ist es zunächst, den richtigen Ansprechpartner in dem Unternehmen zu identifizieren (zum Beispiel den IT-Leiter, wenn Sie eine Cloud-Software-Lösung verkaufen wollen). Ist der gewünschte Ansprechpartner am anderen Ende der Leitung, werden Bedarf und Interesse abgefragt (Qualifizierung). Wenn der Kunde grundsätzlich über Bedarf und Interesse verfügt, leitet der Vertriebsinnendienst den Kunden

C. Dach, *Inbound-Marketing für B2B-Unternehmen*, essentials, https://doi.org/10.1007/978-3-658-42262-2_2

in Abhängigkeit von seinem Potenzial dem geeigneten Verkaufskanal zu:
Bei attraktiven Kunden versucht der Vertriebsmitarbeiter den Besuch eines
Außendienstmitarbeiters zu vereinbaren. Bei Kunden mit einem eher geringen
Potenzial lohnt sich jedoch der persönliche Besuch nicht, da dieser mit
kalkulatorischen Kosten von ca. 200–400 € veranschlagt werden muss.
Solche Kunden versucht der Vertriebsinnendienst auf Distanz (telefonisch, per
E-Mail) zu gewinnen. Ganz kleine Kunden verweist der Vertriebsinnendienst
auf die Internetseite des Unternehmens (B2B-Onlineshop).

Die große **Schwäche der Outbound-Lead-Generierung** liegt in dem disruptiven, störenden Vorgehen und der niedrigen Erfolgsquote: Oft sind 100 Telefonate
notwendig, um ein Unternehmen mit Bedarf und Interesse zu identifizieren. Die
99 anderen Unternehmen haben den Anruf als störend und lästig empfunden.
Dies hat dazu geführt, dass viele Unternehmen Barrieren aufgebaut haben, um
sich vor lästigen und zeitraubenden Vertriebsanrufen zu schützen.[1] Mitarbeiter
in der Telefonzentrale werden trainiert, Vertriebsanrufe zu erkennen und nicht
an die Fachabteilungen weiterzuleiten. Stattdessen wird auf die allgemeine E-
Mail-Adresse verwiesen. In den letzten Jahren/Jahrzehnten hat ein regelrechtes
Wettrüsten stattgefunden: Um an der Telefonzentrale vorbei bis zu den Fachabteilungen vorzudringen, wurden auch die Vertriebsmitarbeiter geschult. Mit
geeigneten Gesprächstechniken (z. B. das Verwenden höflicher Befehle – „Stellen
Sie mich bitte zu Ihrem IT-Leiter durch.") erhöht sich die Erfolgswahrscheinlich-
keit. Eine kreative Methode ist, eine beliebige Durchwahl zu wählen (an Stelle
der „0" für die Zentrale werden beliebige drei oder vier Ziffern ergänzt), um in
einer x-beliebigen Fachabteilung zu landen und einen ahnungslosen Mitarbeiter
zu erreichen, der den Vertriebsmitarbeiter dann an die gewünschte Fachabteilung
weiterleitet.

Aus Sicht des verkaufenden Unternehmens bleibt es bei allen Verkaufstricks
bei einer in der Regel sehr niedrigen und unzufriedenstellenden Conversion Rate.
Wie wünschenswert ist es nun für beide Seiten, wenn die Potenzialkunden mit
Bedarf und Interesse von sich aus auf das verkaufende Unternehmen zukommen?

Bei der **Inbound-Lead-Generierung** gelingt genau das (Abb. 2.1): Traditionell wurde in diesem Bereich auf Messen und selektive Werbung, beispielsweise
in Fachzeitschriften gesetzt. Leider stehen hier Aufwand und Nutzen meist in
einem ungünstigen Verhältnis, was sich in hohen Kosten pro Lead ausdrückt.

---

[1] Während es sich beim Outbound-Marketing um eine Form des Interruption-Marketings
handelt, ist das Inbound-Marketing dem Permission-Marketing zuzuordnen (vgl. Godin
2001, S. 29–63).

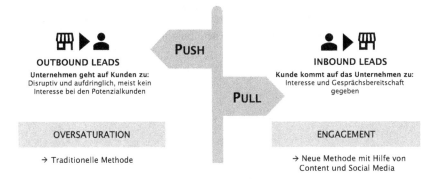

Abb. 2.1 Outbound vs. Inbound Leads

Die moderne Inbound-Lead-Generierung setzt hingegen auf eine konsequente Content-Generierung. Auszüge aus dem Content werden als thematische Köder genau in den Kommunikationskanälen gestreut, über die sich die Buying Personas regelmäßig über bspw. Branchen-News informieren. Wichtig ist dabei, dass der Content allgemeine Themen anspricht, welche Unternehmen aus der Zielbranche interessieren und die nicht unmittelbar produktbezogen sind. Eine zu offensichtliche Produktdarstellung löst nämlich bei potenziellen Kunden die jahrelang geübte reflexmäßige Abwehrhaltung aus.

Beispiel

Die **Hilti AG** liefert u. a. an die Baubranche schon seit vielen Jahren nicht mehr nur Werkzeuge der Befestigungstechnik, sondern auch Software-Lösungen, mit denen bspw. ein Bauunternehmen den Überblick über seine Elektrogeräte wie z. B. Akkuschrauber behält und somit weiß, wo sich die Geräte befinden und wann die nächste Sicherheitsprüfung nach DGUV V3 ansteht. Ein **nicht produktbezogener Content** wäre nun eine Studie zur Digitalisierung in der Baubranche: In welchen Bereichen können allgemein durch Digitalisierungsansätze die Produktivität gesteigert und Mitarbeiter eingespart werden? Hilti würde sich mit einer solchen Studie als kompetenter Ansprechpartner für ein Bauunternehmen positionieren, das Nachholbedarf im Bereich der Digitalisierung hat. Erst in einer späteren Phase des Lead Nurturings kommen dann die Produkte von Hilti ins Spiel, die dem Bauunternehmen helfen, einzelne Digitalisierungs-Ansätze umzusetzen.◄

Das folgende Kapitel behandelt, wie die Buying Personas und ihre präferierten Kommunikationskanäle ermittelt werden können, bevor ich in Kapitel 4 das Inbound-Marketing/die Inbound-Lead-Generierung näher erläutere.

Buying Personas und Customer Journeys

3

Ein erfolgreiches Inbound-Marketing setzt voraus, dass das Unternehmen seine **Buying Personas** und deren **Customer Journeys** genau im Vorfeld analysiert hat. Um Kunden dahin zu bekommen, dass sie von sich aus auf Ihr Unternehmen zukommen, müssen Sie genau verstehen, was ihre Bedürfnisse sind, an welchen Inhalten sie interessiert sind und auf welchen Kommunikationskanälen Sie sie erreichen können. Den richtigen Content und die richtigen Kanäle zu finden gehört dabei zu den aktuellen Top-6-Herausforderungen des B2B-Marketings (vgl. Mertens 2022, S. 25). Darüber hinaus ist es im B2B-Marketing üblich, dass zumeist mehrere Personen an einer Einkaufsentscheidung beteiligt sind. Man spricht hier von dem sogenannten Buying Center.

►Ein **Buying Center** ist der gedankliche Zusammenschluss aller an der Einkaufsentscheidung eines Unternehmens beteiligten Personen (vgl. Homburg 2020, S. 156). Je größer das einkaufende Unternehmen und je höher der Transaktionswert, desto mehr Personen müssen von dem verkaufenden Unternehmen überzeugt werden. Eine wesentliche Aufgabe des Vertriebs ist es, das Buying Center zu verstehen und einen persönlichen Kontakt zu den wichtigsten Beteiligten aufzubauen. Je nach Rolle und Funktion sind unterschiedliche Informationen erforderlich, um die Zustimmung zu gewinnen.

►Eine **Buying Persona** ist eine detailliert beschriebene, fiktive Person, die stellvertretend für eine Gruppe von wichtigen Ansprechpersonen auf Kundenseite steht. Im Unterschied zu einer Zielgruppenbeschreibung ist die Darstellung einer Buying Persona viel detaillierter, damit es den Mitarbeitern in Marketing und Vertrieb leichter fällt, sich in die verschiedenartigen Kunden hineinzuversetzen (vgl. Kirchem und Waack 2021, 7 f.; Häusel und Henzler 2018, S. 13–26).

© Der/die Autor(en), exklusiv lizenziert an Springer Fachmedien Wiesbaden
GmbH, ein Teil von Springer Nature 2023
C. Dach, *Inbound-Marketing für B2B-Unternehmen*, essentials,
https://doi.org/10.1007/978-3-658-42262-2_3

Abb. 3.1 zeigt beispielhafte Beschreibungen von Buying Personas. Neben umfangreichen soziodemografischen und psychografischen Beschreibungen liegt der Fokus bei den Personas auf der Kaufmotivation: Was sind die sogenannten **Pain Points,** die ein Kunde gelöst haben möchte? Genau hier setzt dann der Content an, über den das verkaufende Unternehmen potenzielle Kunden anlockt.

Nicht für jede Person aus dem Buying Center lohnt es sich, eine Buying Persona zu kreieren. In der Regel wählt man diejenige Person aus, die als **Hauptansprechpartner** fungiert. Das muss nicht zwangsläufig der Entscheider auf der Kundenseite sein, sondern kann auch der Mitarbeitende sein, der die Einkaufsentscheidung maßgeblich vorbereitet. Generell lässt sich nicht genau festlegen, wie viele Buying Personas ein Unternehmen kreieren sollte. Es sollten nicht zu wenige sein, damit die Heterogenität der Kunden hinreichend abgebildet ist. Insbesondere bei stark unterschiedlichen Produktkategorien und Zielbranchen bieten sich differenzierte Personas an. Zu viele Buying Personas führen zu einer sehr hohen Komplexität/einem sehr großen Aufwand in der differenzierten Ansprache der Personas im laufenden Marketing-Prozess. Kirchem und Waack (vgl. 2021, S. 8) empfehlen, weniger als zehn Buying Personas festzulegen.

Um genau zu verstehen, mit welchem Content eine Persona in den einzelnen Kaufprozessphasen auf welchem Kommunikationskanal am besten erreicht werden kann, gilt es in einem zweiten Schritt, für jede Buying Persona ihre **Customer Journey** zu erstellen. Die Customer Journey beschreibt dabei alle **Touch Points,** an denen der Kunde mit Ihrem Unternehmen in Kontakt kommt (vgl. Lemon und Verhoef 2016, S. 74–80). Dabei wird davon ausgegangen, dass eine Persona je nach Fortschritt in der Customer Journey auch unterschiedliche Informationsbedürfnisse hat (vgl. Edelman 2010, S. 62–69).

Abb. 3.2 zeigt beispielhaft auf, wie sich die Touch Points bei zwei unterschiedlichen Buying Personas unterscheiden können. Während der Traditionalist noch mit Anzeigen in Fachzeitschriften und online über Xing erreicht werden kann, bietet sich für den Erstkontakt mit dem Innovator ein Post in einer geeigneten LinkedIn-Fokusgruppe an.

Bei der Customer Experience wird die Customer Journey eines Neukunden um die Touch Points in der bestehenden Kundenbeziehung ergänzt. Da beim Inbound-Marketing die Akquisition von Neukunden oder zumindest von neuen Projekten bestehender Kunden im Fokus steht, beschränkt sich die Betrachtung üblicherweise auf die Customer Journey.

Wie erstellt ein Unternehmen Buying Personas mit den jeweiligen Customer Journeys? Hierzu ist ein tiefes Verständnis der Hauptansprechpartner bei den Kunden erforderlich. In einem ersten Schritt sollten intern Mitarbeiter befragt werden, die in ihrer täglichen Arbeit regelmäßigen Kundenkontakt haben. Hier

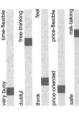

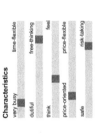

Abb. 3.1 Beispielhafte Beschreibung von Buying Personas

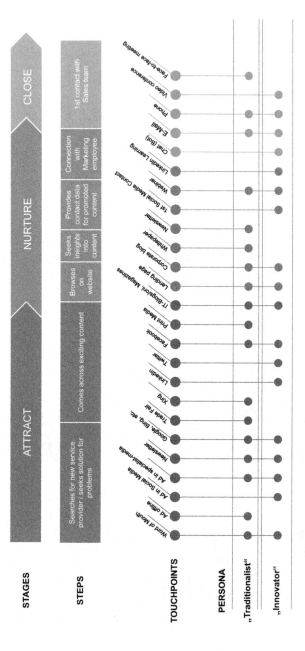

Abb. 3.2 Customer Journeys bei verschiedenen Buying Personas (Beispiel)

ist in erster Linie an die Vertriebsmitarbeiter zu denken. Aber auch Mitarbeiter aus dem Kundenservice oder dem Marketing kommen hier infrage. In einem zweiten Schritt ist es aber unabdingbar, auch **Interviews mit ausgewählten Kunden** zu führen. Nur so ist sicherzustellen, dass wirklich die aktuellen Bedürfnisse/ Pain Points und Kommunikationskanäle (zum Beispiel bestimmte Social-Media-Fokusgruppen oder Verbands-Newsletter) ermittelt werden. Dabei bietet es sich an, Kunden zu befragen, die erst kürzlich neu akquiriert wurden. Bei diesen Kunden sind die Erinnerungen an den kürzlich abgeschlossenen Kaufprozess noch frisch und relevant.

Die Anzahl an Kundeninterviews ist naturgemäß begrenzt. Mindestens 6–8 Interviews sollten geführt werden. Es dürfte aber schwerfallen, mehr als 15 Interviews zu führen. Die Anzahl sollte ausreichen, um Steckbriefe für die einzelnen Buying Personas erstellen zu können. Aufgrund der begrenzten Anzahl fehlt aber die Repräsentativität, um einschätzen zu können, wie wichtig die einzelnen Personas im Kundenstamm und vor allem bei den Potenzialkunden sind. Daher bietet sich nach Definition der Buying Personas über die Kundeninterviews eine **Befragung von potenziellen und bestehenden Kunden** als flankierende Maßnahme an, um die Relevanz der Buying Personas in der gesamten Kundschaft abschätzen zu können.

Nach einer gewissen Zeit (z. B. 2–3 Jahren) sollten Kundeninterviews und -befragungen wiederholt werden, um in Bezug auf Bedürfnisse, relevanten Content und Kommunikationskanäle auf dem Laufenden zu bleiben. Buying Personas und ihre Customer Journeys werden also in regelmäßigen Abständen aktualisiert.

Inbound-Marketing-Ansatz

4

Kap. 3 hat gezeigt, dass ein Unternehmen zunächst die Buying Personas und ihre Customer Journeys verstehen muss: Welche wesentlichen Käufertypen gibt es? Über welche Kommunikationskanäle informieren sie sich und an welchem Content sind sie interessiert?

Auf dieser Basis kann das Unternehmen nun einen systematischen Inbound-Marketing-Ansatz aufbauen. Abb. 4.1 gibt einen Überblick über die dazu erforderlichen Schritte, die in den folgenden Unterkapiteln behandelt werden:

- die systematische Content-Generierung (Abschn. 4.1)
- das Streuen der Content-Auszüge vor allem über Social Media (Abschn. 4.2)
- die richtige Gestaltung von Landingpages (Abschn. 4.3) und
- das Lead Nurturing über Marketing-Automation (Abschn. 4.4).

Beispiel

Der Geschäftsführer eines mittelgroßen Bauunternehmens wurde kürzlich von einem der Gesellschafter gefragt, wie der Stand der Digitalisierung in seinem Unternehmen sei. In seinem LinkedIn-Feed sieht der Geschäftsführer nun den Hinweis auf eine Studie zur Digitalisierung in der Baubranche. Er klickt auf den Link und landet auf einer Landingpage von Hilti. Er ist gerne bereit, seine E-Mail-Adresse einzugeben und sein Einverständnis zu geben, kontaktiert zu werden, um Zugriff auf die komplette Studie zu erhalten. In der Studie erfährt der Geschäftsführer, dass ein wesentliches Element der Digitalisierung in der Verwaltung des Maschinenparks liegt. Am nächsten Tag erhält der Geschäftsführer eine E-Mail mit einem Hinweis zu einem Webinar zum Thema Digitalisierung in einer Woche, für das er sich direkt anmeldet. Im

C. Dach, *Inbound-Marketing für B2B-Unternehmen*, essentials, https://doi.org/10.1007/978-3-658-42262-2_4

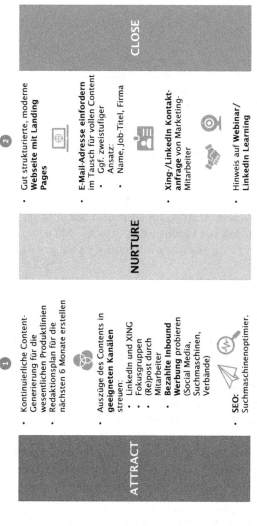

Abb. 4.1 Phasen des Inbound-Marketing

Webinar stellt der Geschäftsführer über die Chat-Funktion Fragen, welche ein Hilti-Experte direkt beantwortet. Im Nachgang wird der Geschäftsführer als „sales ready" eingestuft. Der Verkaufsaußendienstmitarbeiter für die Baubranche, in dessen Verkaufsgebiet sich das Bauunternehmen befindet, bekommt einen Hinweis aus seinem CRM und lässt über den Vertriebsinnendienst einen Besuchstermin mit dem Geschäftsführer vereinbaren.◄

Bis der Ansatz funktioniert und ein Unternehmen systematisch und kontinuierlich Inbound Leads generiert, muss aufgrund der zahlreichen vorbereitenden Schritte mit mindestens 6–12 Monaten gerechnet werden.

4.1 Systematische Content-Generierung

► Mit Content sind keine reinen Produktinformationen gemeint (vgl. Baltes 2015, S. 112)! Vielmehr werden beim Content allgemeine Themen behandelt, für die sich ein potenzieller Kunde interessiert, weil seine aktuellen Pain Points angesprochen werden. Der Verweis auf die Produkte eines Unternehmens erfolgt, wenn überhaupt, „durch die Hintertür".

Die systematische Content-Generierung bedeutet, dass Content nicht nur spontan und kurzfristig erstellt wird, sondern in der Regel auf einem **längerfristigen Redaktionsplan** basiert. Ein Unternehmen kann so sicherstellen, dass alle Buying Personas, Branchen und Produktkategorien regelmäßig mit Inhalten bedient werden. Ohne Redaktionsplan ist die Gefahr sehr hoch, dass ein Unternehmen immer nur auf aktuelle Anlässe reagiert und die Nachhaltigkeit fehlt: Einzelne Buying Personas, Branchen oder Produktkategorien kommen schnell zu kurz.

Da die Erstellung mancher Content-Inhalte mehrere Monate dauern kann (zum Beispiel umfangreiche Studien), sollte der Redaktionsplan die **nächsten 6–12 Monate** umfassen und **rollierend** erstellt werden. Terminlich sind Ferienzeiten, Unternehmens-Events (z. B. ein neues Produkt Release) sowie Branchenevents (z. B. eine wichtige Fachmesse) zu berücksichtigen.

Über die Buying-Persona-Analyse (siehe Kap. 3) kann ein Unternehmen abschätzen, **an welchem Content** potenzielle Kunden interessiert sind. Der Content spricht die Bedürfnisse/Pain Points der Kunden in allgemeiner Form an.

Der Content sollte nicht nur inhaltlich abwechslungsreich sein, sondern auch in Bezug auf Umfang und **unterschiedliche Medienformate** (Abb. 4.2). Zu berücksichtigen ist, dass größere Content-Einheiten (z. B. ein White Paper) in

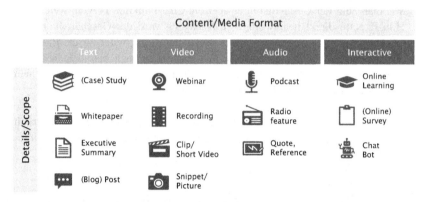

Abb. 4.2 Überblick Content-Formate

mehrere kleinere Content-Einheiten und -Formate unterteilt und zeitlich gestreut werden kann.

Eine Befragung von Marketing-Experten hat ergeben, dass Webinare und Studien („research reports") besonders **erfolgreiche Content-Formate** sind (Abb. 4.3; vgl. Content Marketing Institute and Marketing Profs 2023, S. 15). Etwas besser als die Webinare schneiden die persönlichen Events ab. Inbound-Marketing muss sich nicht nur online abspielen, sondern kann auch durch traditionelle Formate wie Kundenevents oder Vorträge auf Konferenzen sinnvoll ergänzt werden. Über diese physischen Formate können Sie dann wieder vorab, begleitend und im Nachgang in Ihren Social-Media-Kanälen berichten. Beachten Sie aber auch den Aufwand: Ein Webinar ist bspw. mit einem deutlich niedrigeren Aufwand verbunden als ein physisches Event.

Ein Content-Format, das besonders bei komplexen Produkten/Dienstleistungen sehr erfolgversprechend ist, sind **Use Cases** und **Case Studies.** Bei beiden zeigen Sie auf, wie Ihre Produkte/Dienstleistungen die Pain Points von Kunden aufgegriffen und erfolgreich gelöst haben. Während sich eine Case Study auf ein ganz konkretes Kundenunternehmen bezieht, das in der Regel auch namentlich genannt wird, ist ein Use Case allgemeiner gehalten und beschreibt die Probleme und Lösungen für eine Gruppe von Unternehmen aus derselben Branche (vgl. Macpherson 2022). Gute Case Studies und Use Cases zeichnen sich dadurch aus, dass sie den Nutzen für die Kundenunternehmen (z. B. Umsatzerhöhung oder Kostensenkung) konkretisieren und nach Möglichkeit sogar quantifizieren. Für die grafische Aufbereitung der Ergebnisse bieten sich Infographics an. Damit können

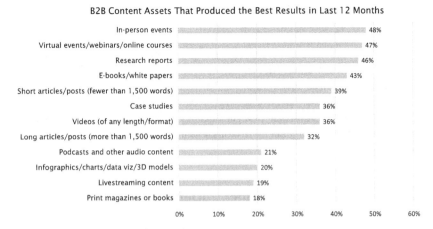

Abb. 4.3 Erfolgreiche Content-Formate (vgl. Content Marketing Institute and Marketing Profs 2023, S. 15)

Sie vor allem die Entscheider im Buying Center auf einer höheren Management-Ebene ansprechen und überzeugen. Diese interessieren sich in der Regel nicht für die technischen Details Ihrer Produkte.

Der Redaktionsplan wirkt wie ein Projektplan und stellt u. a. sicher,

- dass rechtzeitig mit der Content-Erstellung begonnen und
- das Content-Budget sinnvoll aufgeteilt wird.

Ein Unternehmen muss sich entscheiden, ob es die Content-Erstellung an hierauf spezialisierte **Agenturen** übergibt oder **selbst Redakteure einstellt.** Wenn ein Unternehmen zum ersten Mal mit einer systematischen Content-Erstellung beginnt, bietet sich für einen schnellen Start der Einsatz einer Agentur an.

Eine weitere Option stellt die **Beauftragung von Instituten** an Hochschulen bzw. Universitäten dar. Gerade bei umfangreicheren Studien, die auf intensiven Recherchen, Interviews und Befragungen beruhen, bietet sich diese Vorgehensweise an. Ihre Buying Personas werden einer Studie, welche von einem neutralen Institut erstellt wurde, eher vertrauen. Darüber hinaus kann die Reichweite des Instituts (z. B. Website, Social-Media-Seiten, Branchennewsletter) beim Streuen des Contents genutzt werden (siehe auch Abschn. 4.2.2).

Eine besondere Herausforderung für **internationale Unternehmen** stellt die Anpassung von zentralseitigem Content auf lokale Bedürfnisse dar. In einer

Befragung gaben 73 % der befragten Marketing-Manager an, dass in ihrem Unternehmen eine solche Anpassung vorgenommen wird (vgl. Content Marketing Institute and Marketing Profs 2023, S. 27).

Es bleibt abzuwarten, inwieweit der Content zukünftig auch komplett von **KI-Tools** erstellt werden kann. Aktuell helfen diese Tools vor allem, die Arbeit zu erleichtern: Sie können einen guten ersten Textentwurf erstellen, den dann ein Mitarbeiter noch einmal überarbeitet (vgl. Newberry 2023). Wenn Sie abwechslungsreichen und persönlichen Content erstellen wollen (z. B. eine Marktstudie basierend auf Umfrageergebnissen), kommt die KI aus heutiger Sicht noch an ihre Grenzen.

4.2   Content-Auszüge über Social Media streuen

Im nächsten Schritt werden nun Auszüge des systematisch generierten Contents über verschiedene Kanäle gestreut. Die Auszüge sollten so interessant gestaltet sein, dass möglichst viele Leads auf den Link klicken, der im nächsten Schritt zur Landingpage führt.

Aus einem umfangreichen Content wie bspw. einem E-Book oder einer Marktstudie lassen sich zahlreiche unterschiedliche Auszüge generieren, die über einen längeren Zeitraum nach und nach verteilt werden können.

Im digitalen Marketing ist es üblich zwischen earned, paid und owned media zu unterscheiden (vgl. Chaffey und Ellis-Chadwick 2022, S. 6–7; vgl. Edelman 2010, S. 65–66):

- Earned media: Kommunikation durch Dritte, die nicht auf Bezahlung beruht
  - Beispiele online: Social-Media-Fokusgruppen, SEO, Bewertungsportale, Berichte in Online-Medien
  - Beispiele offline: Mund-zu-Mund-Propaganda, Print-Zeitschriften-/Zeitungen
- Paid media: Kommunikation durch Dritte, die auf Bezahlung beruht
  - Beispiele online: Online-Werbung, SEA
  - Beispiele offline: Werbung in Fachzeitschriften, Messeauftritte
- Owned media: Eigene Kommunikation über Kanäle, die das Unternehmen kontrolliert
  - Beispiele online: Eigene Website, eigene Seiten auf Social-Media-Kanälen, selbst kontrollierte Fokusgruppen, Mailings/Newsletters

– Beispiele offline: Prospekte, Verkaufsbüros

Auszüge des Contents werden nun dort gestreut, wo sich die Buying Personas auf Grundlage der in Kap. 3 beschriebenen Analyse vorzugsweise über Neuigkeiten in ihrer Branche bzw. in ihren Interessensgebieten informieren. Das Streuen des Contents kann mit dem Auslegen von Ködern verglichen werden, die potenzielle Kunden bei Interesse anbeißen und die sie auf Ihre Landingpage (Abschn. 4.3) führen.

Der Fokus im Inbound-Marketing liegt vor allem auf den **earned media**. Es ist davon auszugehen, dass potenzielle Kunden den Wert von Content auch nach seiner Quelle beurteilen: Wenn bspw. ein Branchenverband auf einen interessanten Content verweist, werden potenzielle Kunden eher geneigt sein, ihr Interesse zu vertiefen, als wenn sie ein Werbebanner sehen. Betrachten Sie Ihr eigenes Verhalten: Klicken Sie bei einer Google-Suche auf die ersten drei bezahlten Suchergebnisse oder nicht eher auf die ersten „echten" Suchergebnisse? Darüber hinaus entstehen bei den earned media per Definition keine zusätzlichen Kosten für die Anzeigeschaltung. Kostenfrei ist die Nutzung von earned media insofern nicht, als dass die systematische Content-Generierung mit nicht unerheblichen Kosten für Mitarbeiter oder externe Agenturen/Institute verbunden ist.

Paid media kann als Ergänzung sinnvoll sein, wenn die Zahl der Leads weiter erhöht werden soll und ein entsprechendes Werbe-/Marketingbudget zur Verfügung steht. Wichtig ist, die Wirksamkeit der einzelnen Maßnahmen genau zu kontrollieren (Kap. 5).

Owned media ist vor allem wichtig für Kunden, zu denen schon ein erster Kontakt besteht und die von sich aus z. B. Ihre Website besuchen.

Im Folgenden wird das Streuen von Content über alle drei media-Formen vertieft.

4.2.1 Earned Media

Bei den earned media stehen vor allem **Fokusgruppen auf Social Media** im Vordergrund (siehe Abb. 4.4). Selbst zu Spezialthemen gibt es oft bereits mehrere bestehende Gruppen. Wenn Sie bei LinkedIn zum Thema „Inbound-Marketing" suchen, finden Sie zahlreiche Gruppen mit jeweils über 2000 Teilnehmern. Zwei Gruppen haben sogar über 100.000 Teilnehmer. Für einen Anbieter von Marketing-Automation-Software könnten Content-Posts in diesen Gruppen sehr vielversprechend sein.

Organic (Nonpaid) Platforms B2B Marketers Used to Distribute Content in Last 12 Months

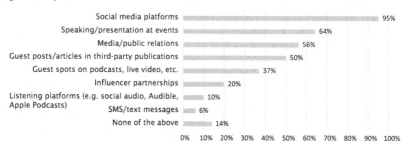

Abb. 4.4 Überblick meist genutzte earned-media-Plattformen. (vgl. Content Marketing Institute and Marketing Profs 2023, S. 17)

In aller Regel werden Anfragen, um einer Gruppe beizutreten, von dem jeweiligen Admin zügig genehmigt. Anschließend können Sie Content-Auszüge direkt in der Gruppe posten und verfolgen, wie oft Teilnehmer der Gruppe den Auszug sehen und auf ihn reagieren.

Falls es zu Ihren Content-Themen noch keine oder nur wenige Fokusgruppen gibt, können Sie auch in Erwägung ziehen, selbst eine neue Gruppe ins Leben zu rufen. Dann sind Sie der Admin und können natürlich Ihren eigenen Content gut sichtbar platzieren.

Posts auf den eigenen Social-Media-Seiten gehören streng genommen zu den Owned Media, werden aber zu Earned Media, wenn die Posts aufgrund möglichst vieler Reaktionen auch Usern angezeigt werden, welche Ihrem Social-Media-Auftritt noch nicht aktiv folgen.

Hier hilft es, wenn Sie bestehende Lieferanten und Kunden, aber auch die Mitarbeiter dazu bewegen, Ihren Accounts zu folgen. Guter Content wird dann sicherlich mit entsprechenden Reaktionen belohnt. Insbesondere Ihre eigenen Marketing- und Vertriebsmitarbeiter sollten die von Ihnen ausgewählten Social-Media-Kanäle aktiv unterstützen (Abb. 4.5). Ein effektiver Anstoß für die Nutzung kann sein, diesem Mitarbeiter-Kreis einen Premium-Account auf Unternehmenskosten zu bezahlen. Auch Schulungen sind gerade für ältere/erfahrene Mitarbeiter sinnvoll, um sie in die Technik des „**Social Selling**" einzuführen.

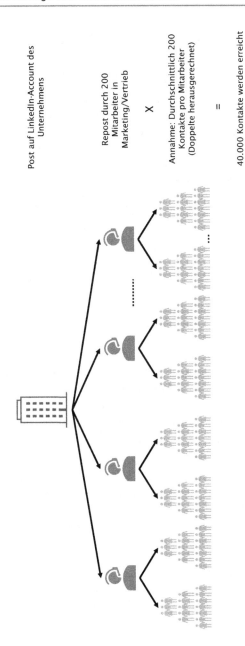

Post auf LinkedIn-Account des Unternehmens

Repost durch 200 Mitarbeiter in Marketing/Vertrieb

X

Annahme: Durchschnittlich 200 Kontakte pro Mitarbeiter (Doppelte herausgerechnet)

=

40.000 Kontakte werden erreicht

Abb. 4.5 LinkedIn-Kaskade durch eigene Mitarbeiter

Social-Media-Kanäle und ihre Eignung für B2B-Inbound-Marketing

- **LinkedIn:** Die für die meisten Unternehmen wichtigste Plattform, da sich mehr und mehr geschäftliche Ansprechpartner hier über Neuigkeiten in ihrer Branche und in ihrem Netzwerk regelmäßig informieren. Klarer Fokus auf geschäftliche Netzwerke in Abgrenzung z. B. zu Facebook oder Instagram. Im Gegensatz zu Xing auch außerhalb des deutschsprachigen Raums stark genutzt.
- **XING:** Wurde in den letzten Jahren immer mehr von LinkedIn abgehängt. Nur wirklich relevant im deutschsprachigen Raum und für eher ältere Personas. Hat noch einmal enorm verloren durch die Abschaltung der Gruppenfunktion Anfang 2023. Weiterhin allerdings interessante Newsletter zu Funktionsbereichen oder Branchen (z. B. für Marketing oder Logistik).
- **Facebook:** Obwohl der Fokus eher auf privaten Netzwerken liegt, finden sich hier mitunter auch geschäftliche Interessengruppen, z. B. für Handwerker.
- **Twitter:** Kann für kurze Botschaften auch grundsätzlich interessant sein. Befindet sich aber seit dem Einstieg von Elon Musk in einem stark fallenden Trend. Vormals informative Newsletter werden seitdem mit irritierenden Nachrichten geflutet.
- **YouTube:** Kann im B2B-Bereich für Anleitungen/Erklärvideos interessant sein, die sich bspw. an Handwerker richten.
- **Instagram, Pinterest:** Eher B2C-Fokus – eher unwahrscheinlich, dass sich Buying Personas über diese Plattformen beruflich informieren.

Abb. 4.6 zeigt die Dominanz, welche LinkedIn im Bereich des B2B-Marketings innehat. Mit geeigneter Marketing-Automation-Software (siehe auch Abschn. 4.4) lässt sich mit einem geringen Aufwand ein Beitrag auf mehreren Plattformen streuen. Für **welche Plattformen** Sie sich entscheiden, hängt stark von dem Ergebnis der vorgelagerten Analyse der Buying Personas ab (Kap. 3): Auf welchen Kanälen informieren sich die potenziellen Kunden regelmäßig über Neuigkeiten in ihrer Branche? Hier sollten Sie Ihre Content-Köder dann auslegen. Zu Beginn einer Inbound-Marketing-Initiative kann es durchaus sinnvoll sein, sich erst einmal auf nur eine Social-Media-Plattform zu konzentrieren. Machen Sie sich mit den Spielregeln der jeweiligen Plattform vertraut und schaffen Sie ein

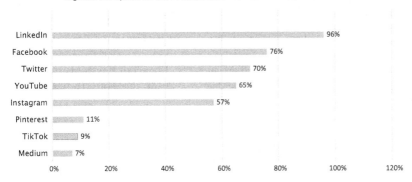

Abb. 4.6 Nutzung Social-Media-Plattformen im B2B-Marketing. (vgl. Content Marketing Institute and Marketing Profs 2023, S. 18)

Online-Profil, das auf die Interessen Ihrer Buying Personas ausgerichtet ist (vgl. Schlömer und Schlömer 2021, S. 113–114).

Bei einer Befragung von Mitarbeitern aus dem Bereich B2B-Content-Marketing (Schwerpunkt: USA) haben 60 % LinkedIn als extrem effektiv oder sehr effektiv eingeschätzt (vgl. Content Marketing Institute and Marketing Profs 2023, S. 19). YouTube (38 %), Instagram (25 %), Facebook (23 %) und Twitter (17 %) folgen auf den weiteren Plätzen.

Weiterhin sind **Branchenverbände oder verbandsähnliche Organisationen/Institute** interessant, weil diese ebenfalls Plattformen/Newsletter betreiben, auf denen sich die Unternehmen der Branche regelmäßig informieren. Unternehmen, welche ihre Produkte/Dienstleistungen bspw. an Einzelhandelsunternehmen verkaufen, können diese gut über den HDE (Hauptverband des deutschen Einzelhandels) oder spezialisierte Institute erreichen wie etwa dem IfH (Institut für Handelsforschung) an der Universität zu Köln oder ibi research an der Universität Regensburg. Hier bieten sich auch Vorträge/Beiträge bei Konferenzen an, was im Vorfeld und Nachgang dann wiederum zu Erwähnungen in Newslettern oder auf Social-Media-Kanälen der Verbände bzw. Institute führt. Wenn Ihr Content (z. B. eine Studie mit Befragungsergebnissen aus der relevanten Branche) interessant genug ist, werden die Verbände und Institute Ihre Beiträge gerne aufnehmen und aussenden.

Ein weiterer Inbound-Kanal im Bereich Earned Media sind Suchmaschinen, über die potenzielle Kunden auf Ihre Website bzw. Landingpages gelangen. Bei der **Search Engine Optimisation (SEO)** dreht sich alles um die Keywords, die Sie als Köder auslegen (vgl. Ziakis et al. 2019). Aus der Analyse der Buying Personas können Sie idealerweise unmittelbar die Begriffe ableiten, nach denen Ihre Zielpersonen suchen. Ziel ist es, bei den Suchanfragen auf der ersten Seite zu landen. Je allgemeiner die Keywords sind, desto schwieriger gestaltet sich aber dieses Ziel. Hier bietet es sich an, auch sog. Long Tail Keywords zu nutzen, welche zwar weniger oft gesucht werden, aber dafür eine hohe Trefferquote in Bezug auf Ihre Buying Personas darstellen.

Beispiel

Um auf den obigen SEO-Absatz zu verweisen, würde ich mit „SEO" als Keyword mit tausenden Autoren/Dienstleistern konkurrieren. Bei dem **Long Tail Keyword** „SEO beim Inbound-Marketing" dürfte die Konkurrenz schon deutlich geringer sein. Internet-Nutzer, welche gezielt nach dieser Kombination suchen, dürften dann auch tatsächlich an dem Absatz interessiert sein.◄

Es bietet sich an, dass Sie für jedes wichtige Keyword eine eigene Unterseite auf Ihrer Website einrichten (das kann auch eine Landingpage sein), die dann in Hinblick auf das jeweilige Keyword optimiert wird (vgl. Schlömer und Schlömer 2021, S. 237). Wenn Sie das Inbound-Marketing und die damit verbundene Content-Generierung konsequent angehen, hilft Ihnen das bei SEO, da die Suchmaschinen guten Content, der Anklang findet, mit besseren Rankings bei den Suchergebnissen belohnen.

Bei den Suchmaschinen hat **Google** in Deutschland schon seit Jahren einen dominierenden Marktanteil. Durch die Einbindung von Chat GPT könnte es allerdings **Bing** (Microsoft) in nächster Zeit gelingen, Marktanteile zurückzugewinnen. In dem Fall bietet es sich an, Ihr SEO nicht nur auf den Google-Algorithmus auszurichten.

Schließlich zählen zu den earned media natürlich auch die **klassischen Medien wie Branchenzeitschriften und allgemeine Zeitungen, Zeitschriften, Radio- und Fernsehsender.** Hier sollten Sie, wenn vorhanden, Ihre PR-Abteilung mit in die Content-Streuung einbinden.

4.2.2   Paid Media

Grundsätzlich bieten die allermeisten der oben erwähnten Earned-media-Kanäle auch paid Content-Formate an. Wie eingangs bereits erwähnt muss allerdings damit gerechnet werden, dass Ihre Buying Personas erkennen, dass es sich um einen „gesponsorten" Beitrag handelt. Die Klicks auf die Links zu Ihren Landingpages werden daher in der Regel geringer ausfallen. Manchmal stellt paid content aber auch die einzige Chance dar, kurzfristig in einem Wunsch-Medium (z. B. in einem Verbandsnewsletter) zu landen. Eine interessante Variante kann es auch sein, ein **Institut** aus einer Zielbranche mit der **Content-Erstellung** zu beauftragen. Dann ergibt sich die Erwähnung auf Website, Social-Media-Kanälen und in dem Newsletter des Instituts quasi automatisch.

Auch bei den Paid-Marketing-Aktivitäten wird LinkedIn am stärksten genutzt (Abb. 4.7). Facebook behauptet mit 56 % zwar noch den zweiten Platz, ist aber im Vergleich zum Vorjahr (69 %) deutlich rückläufig. Bei der oben bereits erwähnten Befragung von Mitarbeitern aus dem Bereich B2B-Content-Marketing haben in Bezug auf bezahlte Content-Hinweise 49 % LinkedIn als extrem effektiv oder sehr effektiv eingeschätzt (vgl. Content Marketing Institute and Marketing Profs 2023, S. 22). YouTube (43 %), Twitter (43 %), Instagram (39 %) und Facebook (39 %) folgen auf den weiteren Plätzen.

LinkedIn ist **als Werbeplattform** auch deswegen so beliebt, weil viele Nutzer die Plattform für die Jobsuche nutzen und von sich aus sehr detaillierte und genaue Profilangaben machen. Dementsprechend zielsicher können Sie die Werbung bei den anvisierten Zielpersonen (Buying Personas) schalten (vgl.

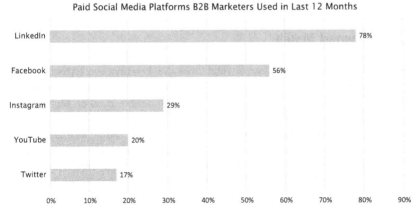

Abb. 4.7 Nutzung von Social-Media-Kanälen für paid media. (vgl. Content Marketing Institute and Marketing Profs 2023, S. 21)

Juling 2023). Die Streuverluste sind sehr gering. Anstelle über eine Landingpage kann weiterführender Content auch direkt über LinkedIn freigeschaltet werden (Abschn. 4.3). Für die Leads hat dies den Vorteil, dass sie ihre Daten nicht mühsam eintippen, sondern die vorausgefüllten „Lead Gen Forms" nur bestätigen müssen. Sie als Werbetreibender erhalten bei der Konvertierung eines anonymen Kontakts in einen Lead gleich zu Beginn der Lead Nurturing-Phase deutlich mehr persönliche Informationen als nur die E-Mail-Adresse.

Das Paid-media-Pendant von SEO stellt **Search Engine Advertising (SEA)** dar. In Hinblick auf Google ist es dabei wichtig, den Google Quality Score zu berücksichtigen (vgl. Chaffey und Ellis-Chadwick 2022, S. 412).

Zu den paid media zählt schließlich auch der Einsatz von **Influencern,** die über eine hohe Reichweite auf ihren Social-Media-Kanälen verfügen. Auch wenn Influencer in erster Linie dem B2C-Marketing zuzuordnen sind, gibt es auch im B2B-Marketing gute Beispiele, wie Influencer wirksam eingesetzt werden können. So laden bspw. Software-Firmen, die sich beim Thema Datenschutz positiv positionieren möchten, gerne Max Schrems zu Online-Events ein, der durch seine Datenschutz-Klage gegen Facebook das sog. Privacy-Shield-Abkommen zwischen der EU und den USA kippen konnte (vgl. „Privacy Shield": EuGH kippt US-EU-Datendeal 2020). Ein Vorteil des Einsatzes von Influencern ist auch darin zu sehen, dass die potenziellen Kunden diese Methode u. U. nicht unmittelbar als paid media wahrnehmen und auf Inhalte mit höheren Click Rates reagieren.

Ob sich einzelne Paid-media-Maßnahmen lohnen, sollte von dem Controlling (Kap. 5) ständig überprüft werden.

4.2.3   Owned Media

Der Weg zum erweiterten Content führt über die Landingpage (Abschn. 4.3), die in der Regel Teil der eigenen Website ist. Meist werden die Leads über einen direkten Link auf die Landingpage geführt. Ein Teil der potenziellen Kunden landet aber auch auf der Homepage oder einer anderen Unterseite. So kann es bspw. sein, dass ein Besucher tagsüber von unterwegs auf der Landingpage landet und keine Zeit hat, seine Kontaktdetails einzugeben. Er erinnert sich an Ihren Unternehmensnamen und landet über die Google-Suche abends auf Ihrer Homepage. Wichtig ist nun, dass auch diese Besucher, wenn sie Interesse an einem bestimmten Thema haben, die Landingpage auf der **Website** finden können. Von welchen Website-Bereichen aus kann auf Content verwiesen werden? Neben den zugehörigen Produkt- und Branchenseiten sowie „Aktuelles" bietet sich ein **Blog** an, in dem regelmäßig aktuelle Nachrichten gepostet werden. Darüber hinaus haben viele Unternehmen auf ihrer Website einen gesonderten Bereich „Ressourcen". Inklusive der Landingpages stellt Ihre **Website den Dreh- und Angelpunkt** Ihres Inbound-Marketings dar. Die Website sollte nicht nur optisch ansprechend gestaltet sein, sondern auch über eine übersichtliche Menüstruktur verfügen, sodass sich die Nutzer gut zurechtfinden. Leider verzichten viele Unternehmen auf Sitemaps, welche die komplette Menüstruktur der Website in einer Baumstruktur übersichtlich anzeigen. Neben dem nicht unmittelbar auf das Produkt bezogenen Content sollten Sie in einem Menüpunkt selbstverständlich auch Ihre Produkte weiterhin im Detail darstellen. In einer späteren Phase des Lead Nurturing (Abschn. 4.4) wollen Sie das Interesse ja von dem allgemeinen Content auf die spezifischen Produkte lenken, welche die Pain Points der Leads lösen können. Ein Menüpunkt, der ein Stück weit zwischen der konkreten Produktdarstellung und dem allgemeinen Content liegt, sind „Branchenlösungen". Hier können Sie auf Unterseiten demonstrieren, dass Sie ein Experte für die Fragestellungen Ihrer Zielbranchen sind. An dieser Stelle ist der Einsatz von Case Studies/Use Cases sehr hilfreich (Abschn. 4.1).

Für die **technische Optimierung Ihrer Website** stehen Online-Tools zur Verfügung (siehe z. B. https://website.grader.com), die teilweise sogar kostenfrei sind (vgl. Schlömer und Schlömer 2021, S. 222). Innerhalb von wenigen Sekunden erhalten Sie eine Einschätzung und Verbesserungsvorschläge für Aspekte wie Performance (z. B. Ladezeiten), SEO, Unterstützung von Mobil-Seiten und Sicherheit.

Weiterhin sollten **Direct Mails** und **Newsletter** als Push-Medien genutzt werden, um auf neuen Content aufmerksam zu machen. Voraussetzung ist hier natürlich, dass bereits ein Kontakt zu dem Kunden/Zielkunden besteht und idealerweise auch ein Interesse an dem Content-Thema signalisiert wurde. Da hier ein Erstkontakt bereits besteht, fallen diese Kommunikationsmaßnahmen in den Bereich des Lead Nurturing (Abschn. 4.4).

4.3 Landingpage

Im vorherigen Kapitel haben Sie einen Überblick über die vielfältigen Möglichkeiten bzw. Kanäle bekommen, „Köder" für Ihren Content auszulegen. Leads, die an dem Content interessiert sind, werden über einen Link zu einer Landingpage geführt, die eine Unterseite Ihrer Website darstellt. Die Aufgabe der Landingpage sollte ein klarer **Call-to-Action** sein: Der User soll seine E-Mail-Adresse und die Zustimmung für eine spätere Kontaktaufnahme (Opt-In) geben und erhält dafür

Zugang zu dem vollständigen Content. Aus einem unbekannten Website-Besucher wird somit ein identifizierbarer Lead, den Sie in der folgenden Phase des Lead Nurturing (Abschn. 4.4) auch selbst kontaktieren dürfen. Denkbar ist auch ein **zweistufiges Vorgehen:**

1. Für die Herausgabe seiner E-Mail-Adresse erhält der Besucher bspw. die Executive Summary einer Studie.
2. Für die Herausgabe weiterer persönlicher Details wie z. B. Unternehmen, Jobtitel, Adresse und/oder Telefonnummer erhält der Besucher Zugriff auf die komplette Studie.

Fragen Sie aber nur Details ab, die wirklich wichtig sind für Sie – zu lange Formulare wirken abschreckend. Spätestens in der folgenden Phase des Lead Nurturing sollten Sie versuchen, nach und nach ein möglichst vollständiges Profil Ihres Leads zu erstellen (Progressive Profiling). Über moderne Inbound-Marketing-Software können Sie smarte Formulare verwenden, bei denen die bereits gemachten Angaben nicht noch einmal wiederholt werden müssen (vgl. Schlömer und Schlömer 2021, S. 131–133).

Die **Herausgabe persönlicher Details** stellt eine Hürde dieses sog. „gated" Contents dar, weil viele Personen Spam-E-Mails oder ungebetene Anrufe befürchten. Der Vorteil dieser Hürde ist allerdings, dass von einem echten Interesse an dem Thema ausgegangen werden kann, wenn ein Besucher trotz dieser Sorge seine Daten preisgibt. Die Zustimmung zur späteren Kontaktaufnahme ist wichtig, damit Sie eine „unzumutbare Belästigung" nach dem Gesetz gegen den unlauteren Wettbewerb (UWG) § 7 Abs. Nr. 3 vermeiden (vgl. Schlömer und Schlömer 2021, S. 581–582). Dabei bietet sich das Versenden einer Bestätigungs-E-Mail an die angegebene E-Mail-Adresse an. Durch Anklicken des Nutzers auf den darin enthaltenen Link wird die Einwilligung noch einmal bestätigt und kann somit dokumentiert werden. Ein Vorteil dieses sog. **Double Opt-In-Verfahrens** ist neben der Rechtssicherheit auch die Gewissheit, dass keine Fake-E-Mail-Adresse angegeben wurde und Sie den Nutzer tatsächlich über diese E-Mail-Adresse erreichen können.

Sie können dabei auch die Eingabe der geschäftlichen E-Mail-Adresse verlangen, um zu verhindern, dass der Nutzer eine private E-Mail-Adresse angibt, die er selten nutzt, oder sogar eine Einweg- bzw. Burner-E-Mail-Adresse verwendet. Dabei kann die Inbound-Marketing-Software üblicherweise automatisch die Eingabe von E-Mail-Adressen ausschließen, welche z. B. mit web.de, googlemail.com etc. enden.

Um eine **möglichst hohe Conversion Rate** zu erreichen, sollten Sie für jeden Content eine spezifische Landingpage erstellen und auf dieser Landingpage Ablenkungen wie z. B. Verlinkungen auf andere Seiten vermeiden (vgl. Hechler 2023). Weitere Tipps für eine möglichst hohe Conversion Rate sind u. a. (vgl. Chaffey und Ellis-Chadwick 2022, S. 315):

- ein gut sichtbarer „Call-to-Action"-Button (z. B. „Formular absenden") im Bereich „above the fold", d. h. direkt sichtbar ohne weiteres Blättern/Scrollen,
- ein prominenter Titel, der dem Besucher direkt zeigt, dass er auf der richtigen Seite ist, sowie
- Kunden-Testimonials oder unabhängige Ratings/Tests, welche Vertrauen schaffen.

Eine Alternative zu Landingpages stellt die Möglichkeit dar, **Formulare direkt auf Social-Media-Seiten** ausfüllen zu lassen (vgl. Fehr 2023). Vorteilhaft sind hier vor allem vorausgefüllte Formulare, welche es Nutzern ermöglichen, Ihren Content mit nur einem Klick zu erhalten. Das ist hilfreich, da viele Ihrer potenziellen Leads auch von unterwegs über ihr Smartphone auf Ihren Content stoßen und sich somit in Situationen mit hoher externer Ablenkung und geringen Aufmerksamkeitsspannen befinden. Das automatische Ausfüllen auf Social-Media-Plattformen ist vor allem dann möglich, wenn Content-Auszüge als Werbung auf Social Media geschaltet werden und bspw. bei LinkedIn „Lead Gen Forms" genutzt werden können (vgl. Juling 2023).

4.4 Lead Nurturing (über Marketing-Automation)

Die Lead Nurturing-Phase beginnt, sobald Sie einen Erstkontakt zu einem Lead aufgebaut haben und dieser sein Einverständnis gegeben hat für eine spätere Kontaktaufnahme. Beim Lead Nurturing versuchen Sie, über eine möglichst intensive Interaktion mehr über den Lead zu erfahren und sein Interesse weiter zu wecken. Das Lead Nurturing endet idealerweise mit der Übergabe des Leads vom Marketing an den Vertrieb, sobald das Marketing den Lead als „sales ready" einschätzt.

Spätestens bei der Lead-Nurturing-Phase bietet es sich an, eine Marketing-Automation-Software einzusetzen, welche die Interaktion nach vorgegebenen Regeln automatisch durchführt und dokumentiert. Die Dokumentation ist wichtig, um die Interessensgebiete des Leads festzuhalten und weitere Informationen zur Person zu sammeln: Handelt es sich um einen Werkstudenten oder eine

Management-Funktion, welche dem Profil einer anvisierten Buying Persona entspricht? Bei der **Marketing-Automation-Software** gibt es mittlerweile Lösungen von großen wie auch kleinen Software-Anbietern (vgl. Schlömer und Schlömer 2021, S. 308–347). Gartner stuft in einer Studie folgende Software-Lösungen als besonders wertvoll ein (vgl. LaFond et al. 2023) (siehe auch die umfassende Übersicht auf der Gartner-Website (vgl. Gartner, Inc. 2023)):

- Adobe Marketo Engage
- Salesforce Marketing Cloud Account Engagement
- Oracle Eloqua Marketing-Automation
- HubSpot Marketing Hub
- Marketing Creatio
- Microsoft Dynamics 365 Marketing

Microsoft Dynamics verfügt über eine besonders enge Verknüpfung mit LinkedIn, da diese wichtigste B2B Social-Media-Plattform zum Microsoft-Konzern gehört.

Darüber hinaus gibt es jedoch auch kleinere deutsche Anbieter, die vor allen Dingen in Hinblick auf DSGVO-Konformität punkten können (z. B. Evalanche, www.sc-networks.de), weil u. a. die Cloud-Server in EU-Ländern betrieben werden.

Es ist wichtig, dass sich die Marketing-Automation-Software mit Ihrem CRM-System so verbinden lässt,

- dass Sie während des Lead Nurturing erkennen, ob es sich bei dem Lead um einen Bestandskunden handelt (der für ein Cross Selling infrage kommen könnte) und
- dass die während des Lead Nurturing (und auch später) im Marketing gesammelten Informationen im Kundenprofil des CRM-Systems zugänglich sind. Ein Vertriebsmitarbeiter kann also bspw. vor einem Kundenbesuch sehen, dass sich der (Ziel-)Kunde kürzlich eine neue Studie angeschaut hat und hierauf im Gespräch Bezug nehmen.

Über welche Formate erfolgt die Interaktion mit dem Lead? Im Idealfall informiert sich der Lead, nachdem er einen ersten Content heruntergeladen hat, von sich aus weiter auf Ihrer Website über Ihr Unternehmen oder weiterführenden Content. Es ist aber auch legitim, den Kunden von Ihrer Seite aus anzustoßen und ihm per **E-Mail** weiterführende Infos/Content zu senden. Steuernagel schätzt das E-Mail-Marketing sogar als den Hauptkanal des Lead Nurturing ein (vgl.

Steuernagel 2021, S. 26). Wichtig ist, dass ja an dieser Stelle schon ein erster Kontakt besteht und ein grundsätzliches Interesse des Leads gegeben ist. Wenn Sie die E-Mails personalisieren und die E-Mail-Frequenz richtig dosieren, wird Ihr Lead die E-Mails nicht als disruptiven Spam wahrnehmen (vgl. Ryan 2021, S. 164). Welche Inhalte ein Lead zu einem bestimmten Zeitpunkt erhält, legen Sie in Ihrer Marketing-Automation-Software über automatische Workflows fest (vgl. Schlömer und Schlömer 2021, S. 140–144). Indem Sie Call-to-Actions in die E-Mails einbauen (Links zu weiterführendem Content auf Ihrer Website), können Sie das Interesse des Leads messen. Erfolgt keine Reaktion des Leads, sollten Sie die Frequenz der E-Mails herunterfahren, um einen Opt Out zu vermeiden, und nur gelegentlich wieder auf den Lead zugehen. Vermutlich ist in einem solchen Fall für den Lead noch nicht der richtige Zeitpunkt gekommen. Durch die gelegentliche Ansprache halten Sie sich aber in Erinnerung.

Um die Interaktion mit den Leads zu intensivieren, bieten sich **Webinare** an. Wenn sich ein Lead eine halbe Stunde Zeit nimmt, um an einem Webinar teilzunehmen, kann von einem großen Interesse an dem Thema ausgegangen werden. Im Idealfall stellt der Lead in dem Webinar Fragen, sodass eine Diskussion entsteht, die der Webinar-Leiter oder ein vom CRM zugeordneter Vertriebsmitarbeiter im Nachgang zu dem Webinar aufgreifen kann. Leads, die an den angebotenen Webinar-Terminen nicht teilnehmen, können Sie Aufzeichnungen eines Webinars zur Verfügung stellen (vgl. Schlömer und Schlömer 2021, S. 180).

Eine weitere Möglichkeit, den Kontakt bzw. die Interaktion zu intensivieren, stellen **Online-Befragungen** dar. Aus den Antworten erfahren Sie sehr viel über die teilnehmenden Leads. Als Belohnung für die Teilnahme können Sie ein Verteilen der Befragungsergebnisse in Aussicht stellen.

Je fortgeschrittener der Lead auf der Customer Journey ist, desto mehr wollen Sie den potenziellen Kunden vom allgemeinen Content zu Ihren konkreten Produkten führen. Hier bieten sich neben Kontaktformularen („Möchten Sie einen individuellen Beratungstermin?") vor allem auch **Testversionen Ihrer Produkte und Produktdemonstrationen** an.

▶ **LinkedIn** wird leider auch von Vertrieblern für Outbound-Marketing missbraucht. Einer Ihrer Kontakte hat versehentlich/ungeprüft eine Kontaktanfrage von einem Vertriebler im „hard selling-Modus" akzeptiert, der im Folgenden alle seine Kontakte anschreibt und diese als neue Kontakte gewinnen möchte. Wenn Sie die Anfrage akzeptieren, werden Sie und Ihre Kontakte von dem Vertriebler im Folgenden genervt. Sicherlich haben Sie auch schon zahlreiche solcher

disruptiven Anfragen/Nachrichten erhalten. Folgende Tipps in diesem
Zusammenhang:

1. Kommunizieren Sie deutlich, dass **Ihre Vertriebsmitarbeiter** Social
   Selling nur im Sinne des Inbound-Marketing betreiben und **keine**
   potenziellen Kunden mit **aufdringlichen Anfragen** belästigen sol-
   len. Wenn ein Lead von sich aus auf Ihr Unternehmen zugekom-
   men ist, weil er Interesse an Ihrem Content hat, ist es zu gegebener
   Zeit legitim, ihm eine LinkedIn-Kontaktanfrage zu senden.

2. Um sich gegen aufdringliche Vertriebler zu schützen, wechseln vor
   allem Manager in exponierten Funktionen häufig von **„Connect"**
   auf **„Follow"** in ihrem LinkedIn-Profil. Die „Follow"-Anfrage müssen
   sie nicht bestätigen und ihre „Follower" können ihnen auch keine
   direkten Nachrichten schicken. Auch wenn das bequem ist, verhindern Sie den Aufbau neuer Kontakte, an denen Sie wirklich interessiert sind. Nur „Connect" bietet eine Zwei-Wege-Kommunikation
   auf Augenhöhe. Wenn Sie also nicht Elon Musk heißen, sollten Sie
   sich weiter die Mühe machen, durch die zahlreichen „Connect"-
   Anfragen durchzugehen und eben nur die bestätigen, bei denen
   Sie relativ sicher sind, dass es sich nicht um einen aufdringlichen
   Vertriebler handelt.

Nicht immer ist das Interesse des Leads aktuell bereits so groß, dass sich eine
Kontaktaufnahme lohnt. In dem Fall bietet sich der Einsatz eines **Newsletters**
an, den der Lead abonniert. Dadurch bleiben Sie lose mit dem Lead in Kontakt.
Wenn dann der richtige Zeitpunkt gekommen ist (z. B. auslaufender Vertrag und
entsprechende Neuausschreibung), erinnert sich der Lead an Ihr Unternehmen
und kommt wieder auf Sie zu.

Im Rahmen des bereits erwähnten **Progressive Profiling** sammelt die
Marketing-Automation-Software immer mehr Informationen über den Lead.
Wenn der Lead Zugang zu weiterem Content haben möchte, lassen Sie ihn mit
zusätzlichen weiteren Informationen „bezahlen". Die bereits erwähnten Smart
Forms stellen sicher, dass Sie bereits vorliegende Daten nicht noch einmal
abfragen. Eine sehr elegante Lösung kann auch sein, dass ein Marketing- oder
Vertriebsmitarbeiter einem Lead, der über seine Interaktion großes Interesse zeigt,
eine Kontaktanfrage per LinkedIn sendet. Nimmt der Lead die Anfrage an, haben
Sie Zugriff auf sehr detaillierte Profilinformationen, die der Lead selbst eingege-
ben hat und auf dem Laufenden hält (was z. B. bei einem Wechsel der Position
oder des Arbeitgebers sehr wichtig sein kann, um den Kontakt nicht zu verlieren).

Marketing-Lead-Qualifizierung Schema

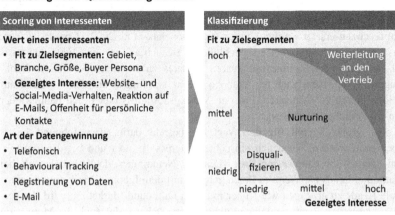

Abb. 4.8   Lead Scoring. (vgl. Steuernagel 2021, S. 25)

Wann ist ein Lead sales ready? Hierfür erstellt die Marketing-Automation-Software ein **Lead Scoring,** das in der Regel auf den in Abb. 4.8 dargestellten Kriterien basiert (vgl. Needles 2012, S. 144; Chaffey und Ellis-Chadwick 2022, S. 247):

1. Wie gut passt der Lead zu den Zielsegmenten?
2. Wie hoch ist das Interesse des Leads?

Bei einem guten Fit zu den Zielsegmenten und einem hohen Interesse stuft das Marketing den Lead als „sales ready" ein und leitet ihn an den Vertrieb weiter. Falls keine Disqualifizierung erfolgt, verbleibt der Interessent im Lead Nurturing Loop. Wenn der richtige Zeitpunkt gekommen ist, wird der Lead ein gesteigertes Interesse an dem Content haben. Erst dann ist die Übergabe des Leads an den Vertrieb sinnvoll. In einer fortgeschrittenen Lead Nurturing-Phase können Sie auch erwägen, Ihren Zielkunden online direkt zu fragen, ob und wann der Einsatz eines Ihrer Produkte geplant ist.

Wenn der Vertrieb den Lead übernimmt, weiß er nun bereits, an welchem Content bzw. an welchen Produkten der Lead interessiert ist. Auch sollte die PLZ des Leads zu diesem Zeitpunkt bekannt sein. Auf Basis dieser Informationen kann das CRM automatisch den richtigen Außendienstmitarbeiter zuordnen. Der nächste Schritt ist üblicherweise nun, dass je nach Vertriebsorganisation der

Außendienstmitarbeiter selbst oder der ihm zugeordnete Vertriebsinnendienst den Lead telefonisch kontaktiert, um einen ersten Besuchstermin zu vereinbaren. Eine aktuell spannende Fragestellung ist, ob Besuchstermine ggf. auch durch **Videokonferenzen** ersetzt werden können (vgl. Donchak et al. 2022). Gerade bei dem Ersttermin bietet sich eher ein persönlicher Besuch an, um eine Vertrauensbasis zu schaffen. Folgetermine mit kurzen Updates zu einem Angebot oder Rückfragen können dann auch per Videokonferenz stattfinden, um den Aufwand auf beiden Seiten zu reduzieren. Für den Vertragsabschluss bietet sich dann wieder ein persönlicher Besuch an.

Der große **Vorteil für den Vertrieb** besteht darin, dass Inbound Leads übergeben werden, bei denen ein echtes Interesse besteht und bei denen erfahrungsgemäß die **Conversion Rate** (Lead zu Neukunden) deutlich höher als bei Outbound Leads ist. Wenn es Ihnen gelingt, mit dem Inbound-Marketing genauso viele Leads zu erzeugen wie früher mit dem Outbound-Marketing, wird Ihr Vertrieb wesentlich mehr Neukunden akquirieren. Dabei steigt auch die Motivation der Vertriebsmitarbeiter, weil sie auf Basis der qualitativ höherwertigen Leads erfolgreicher sind und weniger Frustrationserlebnisse haben. Weiterhin können die Vertriebsmitarbeiter den nun regelmäßig generierten Content auch in ihrem Sales Pitch nutzen. Beispielsweise werden in Use Cases die wirtschaftlichen Vorteile (z. B. Kosteneinsparung in der Produktionsplanung von 20 %) quantifiziert, welche mit dem Einsatz des Produkts oder der Dienstleistung in der Regel erreicht werden. Das kann sehr hilfreich sein, das Top-Management des einkaufenden Unternehmens zu überzeugen, das oft die finale Entscheidung trifft und sich nicht für die technischen Details interessiert.

Controlling der Leadgenerierung

5

Das übergeordnete Ziel des Controllings im Bereich des Inbound-Marketings ist die Messung der **Lead-Kosten.** Einer Hub-Spot-Studie zufolge weist Inbound-Marketing um durchschnittlich 61 % geringere Lead-Kosten auf als das Outbound-Marketing (vgl. Miller 2012). Diese Berechnung ist folglich wichtig, um den Start und die Fortführung eines konsequenten Inbound-Marketing-Ansatzes zu rechtfertigen. Eine differenzierte Ermittlung der Lead-Kosten hilft Ihnen darüber hinaus festzustellen, welcher Content und welche Kommunikationskanäle gut funktionieren. Lohnt sich der Einsatz von paid media? Auf Basis dieser Erkenntnisse können Sie Ihr Inbound-Marketing kontinuierlich verbessern.

Die Lead-Kosten können prinzipiell für die unterschiedlichen Lead-Stadien (Abb. 1.2) ermittelt werden. Am interessantesten sind die **Kosten für tatsächlich gewonnene Neukunden** (oder ggf. auch Neugeschäft von Bestandskunden). Wenn Sie allerdings über einen längeren Sales Cycle (= durchschnittliche Zeit vom Erstkontakt bis zum Kundenstart) verfügen, dauert es eine Weile, bis Ihnen diese Kennzahl vorliegt. Für eine schnellere Performance-Messung und Reaktion sind die vorgelagerten Lead-Kosten (z. B. Kosten pro MQL) besser geeignet. Es kann sein, dass Sie über Inbound-Marketing Neukunden gewinnen, die im Durchschnitt kleiner oder größer als die Neukunden sind, die Sie über Ihre traditionellen Outbound-Methoden generieren. Um einen solchen Effekt zu erfassen, bietet es sich an, folgende Kennzahl zu bilden:

- Umsatz oder Deckungsbeitrag einer Akquise-Methode pro 1 € Marketing-Kosten =
- (geschätzter) Jahres-Umsatz oder Deckungsbeitrag aller Neukunden einer Akquise-Methode /

C. Dach, *Inbound-Marketing für B2B-Unternehmen*, essentials,
https://doi.org/10.1007/978-3-658-42262-2_5

- Marketing-Kosten der Akquise-Methode

Welche **Schwierigkeiten** ergeben sich bei der **Ermittlung der Lead-Kosten**?

- Zum einen muss **jeder Lead einem Content und einem Kanal zugeord-net** werden. In vielen Fällen wird das automatisch von Ihrer Marketing-Automation-Software erfasst. Schwieriger sind bspw. Fälle, in denen ein Lead einen interessanten Content gesehen hat und Sie anschließend anruft oder Ihnen eine E-Mail schreibt. Hier ist eine manuelle Erfassung im CRM-System erforderlich. Gleiches ist auch der Fall bei vielen Outbound-generierten Leads. Die meisten Unternehmen werden parallel zum Inbound-Marketing noch weiter traditionelle Akquise mit Outbound-Methoden durchführen. Auch für diese Methoden ist es wichtig, die Lead-Kosten systematisch zu erfassen, um einen Vergleich zwischen Inbound- und Outbound-Lead-Kosten zu ermöglichen.
- Zum anderen müssen Sie die **Marketing-Kosten** den unterschiedlichen Akquise-Methoden möglichst genau zuordnen. Bei externen Kosten (z. B. Erstellen eines Whitepapers durch eine Content-Marketing-Agentur) fällt das in der Regel leichter als bei Personalkosten (z. B. Marketing-Mitarbeiter, der verschiedene Content-Formate und Kanäle bearbeitet). Bei den Kosten der Outbound-Leadgenerierung gilt es, die Kosten der Outbound-Telefonate korrekt zu erfassen. Auch hier sind externe Kosten (z. B. für ein Outbound-Call Center) meist leichter zu erfassen als die internen Kosten (z. B. ein Außendienstmitarbeiter telefoniert ein paar Stunden in der Woche selbst Listen potenzieller Leads ab).

Wenn Sie die Kosten Ihrer Leads zum ersten Mal ermitteln, werden Sie auch bei Ihren traditionellen Methoden vermutlich die eine oder andere Überraschung erleben. Bspw. schneiden Messen oft relativ schwach ab, weil die Kosten für einen Messestand vergleichsweise hoch sind[1] und sich meist doch nur vergleichsweise wenige konkrete Leads ergeben.

Über die Lead-Kosten hinaus bietet es sich an, die **Conversion Rates** an den einzelnen Stufen zu messen. Einer Befragung von B2B-Marketing-Mitarbeitern zufolge sind die Conversion Rates auch die Kennzahlen, die am häufigsten verwendet werden (Abb. 5.1). Es ist davon auszugehen, dass Sie durch Inbound-Marketing alle Conversion Rates verbessern können (Abb. 5.2). Das gilt auch für die Wandlungsraten im sog. **BOFU (Bottom of the Funnel)** zwischen SQL

---

[1] Einer Befragung von Vogel Communications zufolge geben B2B-Unternehmen in 2019 durchschnittlich 37,8 % des Marketing-Budgets für Messen aus (vgl. Lippold 2021, S. 12).

Abb. 5.1 Einsatz von Kennzahlen im B2B-Marketing. (vgl. Content Marketing Institute and Marketing Profs 2023, S. 30)

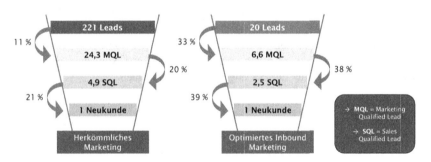

Abb. 5.2 Beispiel: Verbesserung von Conversion Rates durch Inbound-Marketing. (vgl. Miller 2013, S. 60)

und Neukundenabschluss, wenn der Vertrieb bereits den Lead übernommen hat. Das liegt daran, dass die Qualität der Inbound Leads besser als die der Outbound Leads ist und so der Vertrieb die Leads leichter in Neukunden konvertieren kann.

Sie können Conversion Rates aber auch noch detaillierter für jeden einzelnen Schritt berechnen. Besonders interessant sind hier im **TOFU (Top of the Funnel)** die Landingpages, bei denen anonyme Webseitenbesucher in Leads gewandelt werden. Als Benchmarks gibt Hechler hierfür Quoten von 10 % für Besucher aufgrund von paid media (z. B. LinkedIn-Werbung) sowie 20 % für Besucher aufgrund von earned media (z. B. Google-Suche oder LinkedIn-Beitrag in einer

Tab. 5.1 Kennzahlen des E-Mail-Marketings

Kennzahl	Beschreibung	Zielwerte
Bounce-Rate	Wie viel % der gesendeten E-Mails kommen nicht im Posteingang des Empfängers an?	Unter 2 %
Öffnungsrate	Wie viel % der Empfänger öffnen Ihre E-Mail?	Über 25 %
Click-Through-Rate (CTR)	Wie viel % der Empfänger klicken auf mindestens einen Link aus der E-Mail?	Über 7 %
Conversion Rate	Wie viel % der Empfänger folgen auf der Landingpage dem Call-to-Action?	Über 2 %
Abmelderate (Opt Out)	Wie viel % der Empfänger klickt auf den Button „Abmelden" in Ihrer E-Mail?	Unter 1 %

(vgl. Ixtensa 2023)

Fokusgruppe) an (vgl. Hechler 2023; Schlömer und Schlömer 2021, 129 f.). Neben unbekannten Kontakten landen auch bestehende Kontakte in der Phase des Lead Nurturing auf Landingpages: Von diesen klicken üblicherweise sogar 50 % auf den Call-to-Action-Button, um Zugriff auf den Content zu erlangen.

Bei E-Mails, die Sie vor allem in der Phase des Lead Nurturings einsetzen, unterscheidet man die in Tab. 5.1 angegebenen Kennzahlen.

Projekt zum Aufbau eines systematischen Inbound-Marketings 6

Langfristig sollte Inbound-Marketing als Daueraufgabe in Ihrem Unternehmen angelegt sein. Um dorthin zu kommen, sollten Sie ein **Projekt** aufsetzen, das die folgenden Schritte umfasst:

1. **Marktforschung:** Sie müssen über Kundeninterviews und -befragungen ein möglichst genaues Verständnis für Ihre bestehenden und vor allem potenziellen Kunden erlangen: Wer sind die Buying Personas? An welchem Content sind diese interessiert? Über welche Kommunikationskanäle halten sie sich auf dem Laufenden?
2. **Marketing:** Sie erstellen einen Redaktionsplan, damit eigene Mitarbeiter/ Redakteure oder eine externe Agentur kontinuierlich Content generiert: Dabei sollten die wichtigsten Produktkategorien und auch verschiedene Phasen der Customer Journey (Erstkontakt vs. fortgeschrittenes Lead Nurturing) abgedeckt sein.
   Sobald der erste Content vorliegt, spielen Sie Auszüge des Contents auf den von den Buying Personas präferierten Kanälen systematisch aus.
3. **Controlling:** Das Controlling stellt sicher, dass die Akquisitionskosten den verschiedenen Akquisitionskanälen zugeordnet werden und dass bei jedem Lead festgehalten wird, aus welchem Kanal er generiert wurde.
4. **IT:** Ihre Marketing-Mitarbeiter können die Phasen der Leadgenerierung und des Lead Nurturing zunächst manuell durchführen. Vermutlich werden Sie aber bald an den Punkt kommen, wo sich der Einsatz einer Marketing-Automation-Software anbietet, um Ihre Mitarbeiter zu entlasten.

Da es sich bei dem Inbound-Marketing um einen übergreifenden Ansatz handelt, der neben Marketing und Vertrieb auch das Controlling betrifft, sollte die Unternehmensleitung hinter dem neuen Ansatz stehen. Dabei sollte allen Beteiligten

© Der/die Autor(en), exklusiv lizenziert an Springer Fachmedien Wiesbaden 43
Gmbh, ein Teil von Springer Nature 2023
C. Dach, *Inbound-Marketing für B2B-Unternehmen*, essentials,
https://doi.org/10.1007/978-3-658-42262-2_6

klar sein, dass sie einen langen Atem brauchen: Je nach Länge des Sales Cycle kann es viele Monate dauern, bis sich die ersten positiven Umsatzeffekte zeigen. Falls Ihr Unternehmen noch nicht bereit für ein größeres Projekt ist, können Sie auch **klein anfangen,** indem Sie einzelne Content-Beiträge erstellen und ausstreuen sowie in Ihrem CRM-System die Quelle der Leads erfassen. Nach einer gewissen Zeit sind Sie dann in der Lage, die Inbound-Lead-Kosten mit den Outbound-Lead-Kosten zu vergleichen. Wenn sich hier bereits der Erfolg des Inbound-Marketings quantifizieren lässt, fällt es leichter, die Unternehmensleitung und die anderen beteiligten Bereiche von einem größeren Projekt zu überzeugen.

Schlussbetrachtung 7

Hoffentlich ist es mir gelungen, Sie in diesem Buch vom Inbound-Marketing-Ansatz zu überzeugen. Bei der Analyse der Buying Personas stellen die meisten Unternehmen fest, dass sie einen Teil der Buying Personas über modernes Inbound-Marketing noch nicht erreichen können. Solange das der Fall ist, sollten Sie Ihre traditionellen Akquise-Methoden zunächst in gleicher Intensität fortführen. Wenn das Inbound-Marketing erste Erfolge zeigt, können Sie **nach und nach die traditionellen Aktivitäten reduzieren.** Aus Sicht des Vertriebs ist wichtig, dass der Verkaufstrichter fortwährend mit neuen Leads „gefüttert" wird.

Der Fokus beim Inbound-Marketing liegt auf der **Neukundenakquisition.** Daneben gibt es jedoch **weitere positive Effekte,** von denen Sie profitieren werden, weil sich Ihre Awareness im Web und auf Social Media deutlich erhöht:

- Auch Ihre **Bestandskunden** werden den Content wahrnehmen und bei Interesse den zuständigen Vertriebsmitarbeiter ansprechen: Hieraus können sich Potenziale für ein Cross und Up Selling ergeben, die sonst womöglich unentdeckt geblieben wären. Dies gilt umso mehr bei Kunden, bei denen es sich um Großunternehmen handelt. Hier kann es sein, dass Ihr Ansprechpartner beim Kunden für Produkt A keinen Kontakt zum Ansprechpartner für Produkt B aus einem anderen Unternehmensbereich herstellen kann. In einem solchen Fall ist der Ansprechpartner für Produkt B zumindest in der ersten Phase wie ein potenzieller Neukunde, der die einzelnen Phasen des Inbound-Marketings durchläuft.

  Ihr Vertrieb wird zudem dankbar sein, weil jeder neue Content ihm ein Gesprächsthema für seine Bestandskundenbesuche liefert.
- Der Fachkräftemangel ist aktuell in vielen Branchen die größte Herausforderung. Gerade gegenüber jungen Arbeitskräften stärken Sie Ihr Image, wenn Sie sich als Unternehmen zeigen, das regelmäßig interessanten Content in

C. Dach, *Inbound-Marketing für B2B-Unternehmen*, essentials, https://doi.org/10.1007/978-3-658-42262-2_7

Social-Media-Kanälen platziert. Der positive Effekt macht Sie zum einen für potenzielle **neue Mitarbeiter** interessanter, erhöht aber auch die Bindung bei den **bestehenden Mitarbeitern.**

Was Sie aus diesem *essential* mitnehmen können

- Für die allermeisten B2B-Unternehmen wird es sich lohnen, Inbound-Marketing systematisch zu betreiben, da die Lead-Kosten wesentlich geringer sind als bei den klassischen Outbound-Akquise-Methoden.
- Am Anfang steht ein Marktforschungsprojekt, um die Buying Personas und ihre Customer Journeys genau zu verstehen: An welchem Content sind die Personas interessiert? Über welche Kanäle informieren Sie sich?
- Eine systematische Content-Generierung über einen Redaktionsplan ist die Basis des Inbound-Marketings.
- In den Kommunikations-Kanälen, über die sich Ihre Buying Personas informieren, streuen Sie regelmäßig Content-Köder aus, die zu Ihren Landingpages führen.
- In der Phase des Lead Nurturing intensivieren Sie idealerweise durch Einsatz einer Marketing-Automation-Software die Interaktion mit ihrem Lead, bis er „sales ready" an den Vertrieb übergeben wird.

© Der/die Herausgeber bzw. der/die Autor(en), exklusiv lizenziert an Springer Fachmedien Wiesbaden GmbH, ein Teil von Springer Nature 2023
C. Dach, *Inbound-Marketing für B2B-Unternehmen*, essentials,
https://doi.org/10.1007/978-3-658-42262-2

Literatur

„Privacy Shield": EuGH kippt US-EU-Datendeal (2020). In: *Süddeutsche Zeitung*, 16.07.2020. Online verfügbar unter https://www.sueddeutsche.de/digital/privacy-shi eld-schrems-facebook-1.4968965, zuletzt geprüft am 15.05.2023.

Albers, Sönke; Krafft, Manfred (2013): Vertriebsmanagement. Organisation, Planung, Controlling, Support. Wiesbaden: Springer Gabler (Lehrbuch).

Baltes, Loredana Patrutiu (2015): Content marketing – the fundamental tool of digital marketing. In: *Bulletin of the Transilvania University of Brasov. Economic Sciences. Series V* 8 (2), S. 111–118. Online verfügbar unter https://www.proquest.com/scholarly-journals/content-marketing-fundamental-tool-digital/docview/1768395633/se-2?accoun tid=10856.

Chaffey, Dave; Ellis-Chadwick, Fiona (2022): Digital marketing. Eighth Edition. Harlow, England, London, New York, Boston, San Francisco, Toronto, Sydney, Dubai, Singapore, Hong Kong: Pearson.

Content Marketing Institute and Marketing Profs (2023): B2B Content Marketing – Benchmarks, Budgets, and Trends. Online verfügbar unter https://contentmarketingin stitute.com/wp-content/uploads/2022/10/b2b-2023-research-final.pdf, zuletzt geprüft am 04.05.2023.

Donchak, Lisa; Mcclatchy, Julia; Stanley, Jennifer (2022): The future of B2B sales is hybrid. In: *McKinsey & Company*, 27.04.2022. Online verfügbar unter https://www.mckinsey. com/capabilities/growth-marketing-and-sales/our-insights/the-future-of-b2b-sales-is-hybrid#0, zuletzt geprüft am 08.05.2023.

Edelman, David (2010): Branding in the Digital Age: You're Spending Your Money in All the Wrong Places. In: *Harvard Bus. Rev.* 88, S. 62–69.

Fehr, Hannes (2023): Case Study Cross-/Upselling: Wie ein führendes Maschinenbau-Unternehmen mit 1 Social-Media-Kampagne über 4 Mio. Euro Umsatzpotenzial im Service generiert hat – Leadvolution.com | Leading B2B Experts. We scale B2B business. Online verfügbar unter https://leadvolution.com/de/blog-de/b2b-lead-generation-mit-1-linkedin-anzeige-ueber-4-mio-umsatzpotenzial-im-service/, zuletzt aktualisiert am 03.05.2023, zuletzt geprüft am 03.05.2023.

Gartner, Inc. (2023): B2B Marketing Automation Platforms Reviews 2023 | Gartner Peer Insights. Online verfügbar unter https://www.gartner.com/reviews/market/b2b-mar

keting-automation-platforms, zuletzt aktualisiert am 08.05.2023, zuletzt geprüft am 08.05.2023.

Godin, Seth (2001): Permission Marketing. Kunden wollen wählen können. München: FinanzBuch-Verl.

Häusel, Hans-Georg; Henzler, Harald (2018): Buyer Personas. Wie man seine Zielgruppen erkennt und begeistert. 1. Auflage. Freiburg, München, Stuttgart: Haufe Gruppe.

Hechler, Matthias (2023): Lead Conversion Rate – diese Einflussfaktoren müssen Sie kennen. Online verfügbar unter https://www.ixtensa.de/blog/lead-conversion-rate?utm_cam paign=Marketing-Blog&utm_medium=email&_hsmi=252013756&_hsenc=p2ANqtz-_ 3jrYc6kmoNZ6fgDpulc7eGCHPuWLe7to1JYVccj3O2t9XrU6ezpdTowvqG2uoKbz8k Tdm23i7L_nIGAWrBfNx7Nrb6h3rz1bw_edf5et1Z--QxwI&utm_content=252013756& utm_source=hs_email, zuletzt aktualisiert am 30.04.2023, zuletzt geprüft am 03.05.2023.

Hofbauer, Günter (2016): Professionelles Vertriebsmanagement. Der prozessorientierte Ansatz aus Anbieter- und Beschaffersicht. 4., aktualisierte und erweiterte Auflage. s.l.: Wiley. Online verfügbar unter https://permalink.obvsg.at/AC12377549.

Homburg, Christian (2020): Marketingmanagement. Strategie – Instrumente – Umsetzung – Unternehmensführung. 7., überarbeitete und erweiterte Auflage. Wiesbaden, Heidelberg: Springer Gabler (Lehrbuch).

Ixtensa (2023): 5 KPIs für Ihr E-Mail-Marketing, die Sie tracken müssen. Online verfügbar unter https://www.ixtensa.de/blog/e-mail-marketing-kpis?utm_campaign=Marketing-Blog&utm_medium=email&_hsmi=252013756&_hsenc=p2ANqtz-8IUkaAhinGgX ZLUnlX-kDC8pv6jQpw-yQRhwbrBtp6Szz_x8jaJL4IF3ZFgw5cCrqgvzrM6HUSulkOo 8LqW9ydhZsWByyZIC_BZCh9UpFg5WetHSU&utm_content=252013756&utm_sou rce=hs_email, zuletzt aktualisiert am 14.05.2023, zuletzt geprüft am 15.05.2023.

Juling, Benjamin (2023): LinkedIn Lead Ads: Das solltest Du beachten I nyce. Online verfügbar unter https://nyce.ly/blog/linkedin-lead-ads-erfolgreich-nutzen/, zuletzt aktualisiert am 16.03.2023, zuletzt geprüft am 03.05.2023.

Kirchem, Sabine; Waack, Juliane (2021): Personas entwickeln für Marketing, Vertrieb und Kommunikation. Wiesbaden: Springer Fachmedien Wiesbaden.

LaFond, Rick; Poulter, Julian; Cohen, Jeffrey L. et al. (2023): Magic Quadrant for B2B Marketing Automation Platforms. Online verfügbar unter https://www.gartner.com/doc/rep rints?id=1-2B5HP0MW&ct=220916&st=sb, zuletzt aktualisiert am 08.05.2023, zuletzt geprüft am 08.05.2023.

Lemon, Katherine N.; Verhoef, Peter C. (2016): Understanding Customer Experience Throughout the Customer Journey. In: *Journal of Marketing* 80 (6), S. 69–96. https://doi. org/10.1509/jm.15.0420.

Lippold, Dirk (2021): B2B-Marketing und -Vertrieb. Die Vermarktung erklärungsbedürftiger Produkte und Leistungen. Berlin, Boston: De Gruyter Oldenbourg.

Macpherson, Laura (2022): The Ultimate Showdown: Use Case vs. Case Study. In: *Ideally Brand Strategy and Content* 2022, 15.01.2022. Online verfügbar unter https://ide allymarketing.com/the-ultimate-showdown-use-case-vs-case-study/, zuletzt geprüft am 20.05.2023.

Mertens, Michael (2022): B2BEST Barometer 2022 Vol. 6. FOKUSTHEMA: B2B-MARKETING. Online verfügbar unter https://www.ifhkoeln.de/teilen/b2best-start/ b2best-barometer/, zuletzt geprüft am 22.05.2023.

Miller, Jon (2013): Der definitive Leitfaden für Marketing-Automatisierung. Online verfügbar unter https://business.adobe.com/de/resources/guides/marketing-automation.html, zuletzt geprüft am 08.05.2023.

Miller, Melissa (2012): 20 Fresh Stats About the State of Inbound Marketing in 2012. In: *HubSpot*, 27.02.2012. Online verfügbar unter https://blog.hubspot.com/blog/tabid/6307/bid/31550/20-fresh-stats-about-the-state-of-inbound-marketing-in-2012.aspx, zuletzt geprüft am 12.05.2023.

Needles, Adam (2012): Balancing the demand equation. Danville, CA: New Year Pub.

Newberry, Christina (2023): KI-gestützte Content-Erstellung: 7 Tools für Social-Media-Manager. In: *Social Media Marketing & Management Dashboard*, 13.04.2023. Online verfügbar unter https://blog.hootsuite.com/de/ki-gestuetzte-content-erstellung-tools/, zuletzt geprüft am 20.05.2023.

Purle, Enrico; Arica, Mahmut; Korte, Sabine; Hummels, Henning (2022): B2B-Marketing und Vertrieb. Strategie – Instrumente – Umsetzung. 1. Auflage 2022. Wiesbaden: Springer Fachmedien Wiesbaden GmbH.

Ryan, Damian (2021): Understanding digital marketing. A complete guide to engaging customers and implementing successful digital campaigns. Fifth edition. London, New York, NY, New Dehli: Kogan Page.

Schlömer, Britta; Schlömer, Tobbias (2021): Inbound! Das Handbuch für modernes Marketing. 2., aktualisierte und erweiterte Auflage. Bonn: Rheinwerk Verlag (Rheinwerk Computing).

Schuster, Norbert (2022): Digitalisierung in Marketing und Vertrieb. Richtige Strategien entwickeln und Potentiale der Digitalisierung für mehr Umsatz nutzen. 2. Auflage. Freiburg im Breisgau, München, Stuttgart: Haufe Group.

Steuernagel, Axel (2021): Digitale Transformation des Marketings und Vertriebs in B2B-Unternehmen. Wiesbaden: Springer Fachmedien Wiesbaden.

Uebel, Matthias; Helmke, Stefan (2017): Der Vertriebstrichter zur Steuerung von Vertriebsprozessen. In: Effektives Customer Relationship Management: Springer Gabler, Wiesbaden, S. 37–51. Online verfügbar unter https://link.springer.com/chapter/10.1007/978-3-658-06624-6_3#copyright-information.

Ziakis, Christos; Vlachopoulou, Maro; Kyrkoudis, Theodosios; Karagkiozidou, Makrina (2019): Important Factors for Improving Google Search Rank. In: *Future Internet* 11 (2), S. 32. https://doi.org/10.3390/fi11020032.

Printed in the United States
by Baker & Taylor Publisher Services